2020
노벨상 강의

EBS CLASS ⓔ

물리학 ✦ 화학 ✦ 생리·의학 ✦ 경제학

2020
노벨상 강의

이명현·송기원·신의철·박정호 지음

EBS
BOOKS

차례

2020 **노벨 물리학상** 032

노벨 물리학상 강의 • 해설 이명현

블랙홀과 우리은하의
가장 어두운 비밀을 풀다 038

2020 **노벨 화학상** 088

노벨 화학상 강의 • 해설 송기원

생명의 암호를 다시 쓰는
유전자 가위의 개발 094

2020 **노벨 생리·의학상** 138

노벨 생리·의학상 강의 • 해설 신의철

인류의 건강을 위협한
C형간염 바이러스의 발견 144

알프레드 노벨의 삶과 죽음

죽음의 상인인가, 평화의 사도인가?

1866년 알프레드 노벨Alfred Bernhard Nobel(1833~1896)은 실험을 통해 니트로글리세린을 규조토와 혼합하면 반죽으로 가공할 수 있다는 것을 발견했다. 노벨은 이 반죽을 막대 형태로 빚어 채석장 바위의 드릴 구멍 안으로 밀어넣었다. 막대에는 퓨즈로 점화할 수 있는 기폭장치를 꽂았다. 노벨은 이것의 이름을 '다이너마이

알프레드 노벨

트Dynamite'라고 지었다. 1847년 이탈리아의 화학자 아
스카니오 소브레로Ascanio Sobrero(1812~1888)가 처음 합성
했으나 아무도 이 위험한 물질을 어쩌지 못한 터였다.
이후 노벨은 1867년과 1868년에 각각 영국과 미국에
서 특허를 취득했다.

  과학자이자 산업가, 경영자, 무엇보다 다이너마이트

스톡홀름 공장의 폭발 사고를 그린 신문 삽화

의 아버지로 355개의 특허를 보유한 발명가. 문학을 사랑한 시인이자 작가였으며, 고작 일주일간 함께 일한 비서와 평생 편지를 주고받으며 평화주의자의 길을 선택한 사람. 생전에는 '죽음의 상인'으로 불렸으나 사후 3100만 크로나의 유산을 남기며 '인류에게 가장 큰 혜택을 준 사람'에게 상을 수여해달라 했던 사람. 그 덕에 세상을 떠난 후 지금까지 120년이 넘도록 매년 이름이 회자되는 사람. 스웨덴에서 태어나 러시아에서 자랐고, 프랑스와 미국에서 공부했으며, 유럽과 아메리카 대륙 곳곳에 사업체를 둔 세계인.

1864년 9월에는 스톡홀름에 있는 공장에서 폭발이 일어나 동생을 포함해 다섯 명의 직원이 목숨을 잃었다. 하지만 노벨은 채 한 달이 지나기도 전에 첫 합자회사를 차렸다. 언론은 그를 '미치광이 과학자'로 불렀고, 스웨덴 정부도 공장 허가를 내주지 않았다. 그럼에도 노벨은 연구를 계속했고, 끝내 다이너마이트를 생산해낸 것이다.

알프레드 노벨을 둘러싼 평가는 '복잡'하다. 생전에 자신의 발명품이 인류의 평화에 기여하기를 바랐다고 알려져 있으나 누구도 그럴 수 있으리라고 생각하지 않았다. 오히려 사망 당시 유럽과 아메리카 대륙 등 세계 곳곳에 세워진 그의 사업체는 폭탄제조공장과 탄약제조공장을 합해 90여 곳이 넘었다.

폭탄으로 일어선 유럽의 대부호

알프레드 노벨은 1833년 10월 21일 스웨덴 스톡홀름에서 태어났다. 열 살 무렵인 1842년 아버지를 따라 러시아 상트페테르부르크로 이주했다. 크림전쟁(1853~1856) 동안 지뢰 공장을 경영하며 큰돈을 번 아버지는 아들에게 가정교사를 붙여 주었다. 노벨은 열여섯 살 때부터 화학에 뛰어난 소질을 보였고, 모국어인 스웨덴어를 비롯해 영어, 프랑스어, 독일어, 러시아어 등을 능숙하게 구사했다.

열일곱 살이 된 1850년에는 파리에서 1년 동안 화학을 공부했고, 그 뒤 미국으로 건너가 스웨덴 출신의 발명가이자 조선기사인 존 에릭손 아래서 4년 동안 일하며 기계공학을 배웠다. 크림전쟁이 끝나자 아버지의 사업이 자연스럽게 몰락하기 시작했다. 노벨은 미국 유학을 중단하고 러시아로 돌아왔으나 아버지의 사업은 결국 1859년에 파산했다.

1863년 가족과 함께 스웨덴으로 돌아온 노벨은 니

알프레드 노벨이 태어난 스톡홀름의 집

트로글리세린을 이용한 폭발물을 개발하는 데 집중했고, 그 과정에서 동생을 잃었으나 끝내 다이너마이트를 만들어냈다. 노벨은 화약의 성능을 높였을 뿐 아니라 발사만으로는 폭발하지 않는 뇌관을 만들고 이를 완벽한 수준까지 끌어올렸다. 유럽 곳곳에 그의 공장이 세워졌다.

1886년 세계 최초의 다국적 회사인 '노벨다이너마이트트러스트사'를 세웠고, 그동안 그의 형인 로베르

**젊은 시절의
알프레드 노벨**

트와 루트비히는 카스피해 서안에 있는 바쿠 유전지
대의 개발에 성공했다. 그들은 대규모 정유소를 건설
하고 세계 최초의 유조선 조로아스터호를 사용하고
세계 최초의 파이프라인(1876)을 채용했다. 노벨 가문
은 유럽 최대의 부호가 되었다.

평화 운동과 문학의 삶

1876년 노벨은 파리의 저택에서 함께 지낼 비서 겸 집사를 구한다는 광고를 냈다. 이 광고를 보고 찾아온 오스트리아 출신의 여성 베르타 폰 주트너Bertha von Suttner(1843~1914)를 채용했지만, 그녀는 고작 일주일만 일을 하고는 결혼을 한다며 오스트리아로 떠나버렸다. 노벨은 이 비서를 평생 딱 두 번 만났지만, 계속 편지를 주고받았다. 베르타가 책과 기고문을 통해 평화 운동에 헌신하는 동안 노벨도 그 영향을 받았다.

노벨은 결혼도 하지 않은 채 평생 일 중독자처럼 세계를 돌아다니며 바쁘게 살아왔지만, 은퇴 후에는 되도록 조용히 지내려 했다. 베르타 폰 주트너의 영향을 받아 인도주의적 사업에 많은 돈을 기부했고, 평화 운동에도 관심이 많았다. 하지만 민주주의를 불신했을 뿐 아니라 여성의 참정권을 반대했다. 다른 사람의 말을 잘 들어주었으나 직원들에게는 가부장적인 모습을 보였다.

노벨에게
평화운동의
중요성을 알려준
베르타 폰 주트너

노벨의 두 번째 정체성은 문학과 글쓰기였다. 사후 그의 서재에는 1500권이 넘는 책이 있었는데, 대부분 소설이었고, 철학자, 신학자, 역사가 및 기타 과학자들의 고전과 작품도 있었다. 어린 시절 볼테르Voltaire의 책을 번역하며 프랑스어를 익혔고 윌리엄 워즈워스William Wordsworth, 매리 셸리Mary Shelley, 조지 바이런 George Byron의 글을 읽으며 영어를 익혔다. 젊은 시절에는 영어로 시를 쓰기도 했다.

사업이 한창 바쁠 때는 문학에 대한 열정을 잠시 미뤄두기도 했으나 출장길에는 항상 한두 권의 책을 챙겼다. 그가 남긴 어느 편지에 따르면, 35세 때 사업이 잠시 부진하자 사업과 발명을 포기하고 글을 쓰며 살까 고민하기도 했다.

노벨은 오노레 드 발자크Honoré de Balzac와 귀스타브 플로베르Gustave Flaubert의 정교한 소설과 사실주의에 빠져들었으며 노르웨이 작가 중에서는 헨리크 입센Henrik Johan Ibsen을 좋아했다. 덴마크 작가 한스 크리스티안 안데르센Hans Christian Andersen을 좋아했고, 이반 투르게네프Ivan Turgenev와 레프 톨스토이Lev Tolstoy에게 깊은 존경을 표했다. 프랑스 작가 중에는 평화주의자이자 이상주의자인 빅토르 위고Victor Hugo를 가장 존경했다. 특히 《레 미제라블》에 깊은 감명을 받았다.

노벨은 계속해서 편지를 쓰고, 모든 종류의 공상적

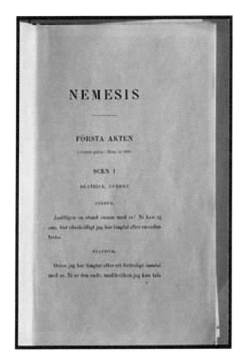

노벨은
삶의 마감을 앞둔
어느 날 희곡집
《네메시스Nemesis》를
썼다.

인 아이디어와 발명품에 대한 계획을 노트에 기록했
다. 우주의 기원과 인간의 진화에 대한 철학을 비롯해
신앙과 지식, 전쟁 그리고 평화에 관해 이야기했다.

　노벨의 문학적 재능은 시에 있었고, 나중에는 아포
리즘과 자기 성찰적인 글을 썼다. 그는 종종 자신을

추악하고 사교적이지 않으며 병약하고 자주 투덜거리는 사람으로 묘사하곤 했다. 심지어 무자비한 자기 비판으로 이어지기도 했다. 이러한 노벨의 자기 부정과 그릇된 관념은 다행히도 진보에 대한 확고한 믿음과 균형을 이루었다. 기술적 발명과 과학적 정복은 인류를 발전시킬 것이며, 좋은 문학은 이러한 발전을 '이상적인 방향'으로 이끌 수 있을 것이라 믿었다.

노벨의 마지막 길을 동행한 니트로글리세린

노벨은 평생 건강이 좋지 않았다. 늘 소화불량과 두통에 시달렸으며 때때로 우울증을 호소했다. 과로와 스트레스뿐 아니라 독성 화학물질도 건강을 해쳤을 것이다.

말년에 노벨은 협심증에 시달린 나머지 의사로부터 니트로글리세린을 처방받는다. 니트로글리세린은 협심증을 치료하는 데 쓰인 가장 오래되고 일반적인 약제다. 니트로글리세린은 동맥을 이완시켜 심장에 더 많은 피를 보내고 심장 발작의 위험을 줄인다. 노벨은 1896년 10월 25일에 라그나르 솔만에게 보낸 편지에 다음과 같이 썼다. "내가 니트로글리세린을 처방받는 것은 운명의 아이러니가 아닌가?"

알프레드 노벨은 1895년까지 협심증으로 고생하다 이듬해인 1896년 12월 10일 이탈리아 산레모에 있는 별장에서 뇌출혈로 사망했다.

노벨상의 역사

알프레드 노벨은 생전에 유언장을 작성해 스톡홀름의
한 은행에 보관해두었다. 노벨이 사망하기 보름 전인
1895년 11월 27일에 유언장이 공개되자 가족과 친지
는 물론 일반인들까지 깜짝 놀랐다. 재산의 대부분을
기금으로 남겨 세계적으로 권위 있는 상을 제정하라
는 내용이 담겨 있었기 때문이다.

　노벨상은 알프레드 노벨의 유언에 따라 설립한 기금
으로 물리학, 화학, 생리·의학, 문학, 평화, 경제학 여

1901년 12월 10일
제1회 노벨상 시상식 모습

섯 분야에서 "인류에 가장 큰 공헌을 한 사람들"에게 수여하는 상이다. 노벨이 이 상을 제정한 이유는 확실히 밝혀지지 않았는데, 가장 그럴듯한 설명은 1888년에 노벨의 형이 사망했을 때 프랑스의 신문들이 그를 형과 혼동하면서 내보낸 "죽음의 상인, 사망하다"라는 제목의 기사를 보고 충격을 받아 죽은 뒤의 오명을 피하기 위해 제정했다는 것이다. 어쨌든 분명한 사실은 노벨이 설립한 상이 물리학, 화학, 생리·의학, 문학 분야에 대한 평생에 걸친 그의 관심을 반영하고 있다는 점이다. 평화상의 설립과 관련해서는 오스트리아 출신의 평화주의자인 베르타 폰 주트너와의 교분이 강력한 동기로 작용했다는 설이 우세하다.

노벨의 사망 5주기인 1901년 12월 10일부터 상을 주기 시작했으며, 경제학상은 1968년 스웨덴 중앙은행에 의해 추가 제정된 것으로 1969년부터 수여되었다. 알프레드 노벨은 유언장에서 스톡홀름에 있는 스웨덴 왕립과학한림원(물리학과 화학), 왕립카롤린스카 연구소(생리·의학), 스웨덴 한림원(문학), 그리고 노르웨이 국회가 선임하는 노르웨이 노벨위원회(평화)를 노벨상 수여 기관으로 지목했다. 노벨 평화상만 노르웨이에서 수여하는 이유는 노벨이 사망할 당시는 아직 노르웨이와 스웨덴이 분리되지 않았기 때문이다.

노벨 경제학상은 1968년 스웨덴 중앙은행이 설립 300주년을 맞아 노벨재단에 거액의 기부금을 내면서 제정되어 1969년부터 시상해왔다. 따라서 정식 명칭은 '알프레드 노벨을 기념하는 스웨덴 중앙은행 경

노벨상 시상식

제과학상The Sveriges Riksbank Prize in Economic Sciences in Memory of Alfred Nobel'이다. 스웨덴 중앙은행은 수상자 선정에 전혀 관여하지 않으며, 수상자 선정과 수상은 다른 상들과 마찬가지로 스웨덴 왕립과학한림원이 주관하고 있다. 그 직후 노벨재단은 더 이상 새로운 상을 만들지 않기로 결정했다.

노벨의 유언에 따라 설립된 노벨재단은 기금의 법적 소유자이자 실무 담당 기관으로, 상을 주는 기구들의 공동 집행 기관이다. 그러나 재단은 후보 심사나 수상자 결정에는 전혀 관여하지 않으며, 그 업무는 4개 기구가 전담한다. 각 수상자는 금메달과 상장, 상금을 받게 되는데, 상금은 재단의 수입에 따라 액수가 달라진다.

노벨상은 마땅한 후보자가 없거나 전쟁 같은 비상 사태로 인해 정상적인 수상 결정을 내릴 수 없을 때는 보류되기도 한다. 국적, 인종, 종교, 이념에 관계없이 누구나 받을 수 있으며, 공동 수상뿐 아니라 한 사람이 여러 차례 수상하는 중복 수상도 가능하다. 두 차례 이상 노벨상을 받은 사람은 마리 퀴리(1903년 물리학상, 1911년 화학상)를 비롯하여 존 바딘(1956년, 1972년 물리학상), 프레더릭 생어(1958년, 1980년 화학상) 그리고 라이너스 폴링(1954년 화학상 1962년 평화상)이 있으며, 단체로는 국제연합 난민고등판무관이 1954년과 1981년 두 차례 노벨 평화상을 받았고, 국제적십자위원회는 1917년과 1943년, 1966년 세 차례 노벨상을 받았다.

노벨상을 거부한 경우도 있는데, 그 이유는 개인의

노벨 메달 앞면

자발적인 경우와 정부의 압력으로 크게 나눌 수 있다. 1937년 아돌프 히틀러는 1935년 당시 독일의 정치범이었던 반나치 저술가 카를 폰 오시에츠키에게 평화상을 수여한 데 격분해 향후 독일인들의 노벨상 수상을 금지하는 포고령을 내린 바 있다. 이에 따라 리하르트 쿤(1938년 화학상)과 아돌프 부테난트(1939년 화학상), 게르하르트 도마크(1939년 생리·의학상)는 강제로 수상을 거부했다. 그 외에도 〈닥터 지바고〉로 1958년 노벨 문학상을 수상한 보리스 파스테르나크는 그 소

설에 대한 당시 구소련 대중의 부정적인 정서를 이유
로 수상을 거부했으며, 1964년 문학상 수상자 장폴 사
르트르와 1973년 평화상 수상자인 북베트남의 르둑
토는 개인의 신념 및 정치적 상황을 이유로 스스로 노
벨상을 거부했다.

노벨상 수상자 선정 과정

노벨상의 권위는 엄격한 심사를 통한 수상자 선정 과정에서 나온다. 노벨상 수상자는 매년 10월 첫째 주와 둘째 주에 발표되는데, 수상자 선정 작업은 그 전해 초가을에 시작된다. 이 시기에 노벨상 수여 기관들은 한 부문당 약 1,000명씩 총 6,000여 명에게 후보자 추천을 요청하는 안내장을 보낸다. 안내장을 받은 사람은 전해의 노벨상 수상자들과 상 수여 기관을 비롯해 물리학, 화학, 생리·의학 분야에서 활동 중인 학자들과

대학 및 학술단체 구성원들이다. 이들은 해당 후보를 추천하는 이유를 서면으로 제출해야 하며 자기 자신을 추천하는 사람은 자동으로 자격을 상실하게 된다.

후보자 명단은 이듬해 1월 31일까지 노벨위원회에 도착해야 한다. 후보자는 부문별로 보통 100명에서 250명가량 되는데, 노벨위원회는 2월 1일부터 접수된 후보자들을 대상으로 선정 작업에 들어간다. 이 기간 동안 각 위원회는 수천 명의 인원을 동원해 후보자들의 연구 성과를 검토하며, 필요한 경우에는 외부 인사에게 검토 작업을 요청하기도 한다.

이후 각 위원회는 9월에서 10월 초 사이에 스웨덴 왕립과학한림원과 기타 기관에 추천장을 제출한다. 대개는 위원회의 추천대로 수상자가 결정되지만, 수여 기관들이 반드시 여기에 따르는 것은 아니다. 수여 기관에서 행해지는 심사 및 표결 과정은 철저히 비밀에 부쳐지며 토의 내용은 절대로 문서로 남기지 않는다. 상은 단체에도 수여할 수 있는 평화상을 제외하고는 개인에게만 주게 되어 있다. 사망한 사람은 수상 후보자로 지명하지 않는 게 원칙이지만, 다그 함마르시욀드(1961년 평화상 수상자)와 에리크 A. 카를펠트(1931년 문학상 수상자)처럼 생전에 수상자로 지명된 경우에는 사후에도 상을 받을 수 있다. 일단 수상자가 발표되고 나면 번복할 수 없다.

알프레드 노벨의 유언 중에서

돈으로 바꿀 수 있는 나머지 모든 유산은 다음과 같은 방법으로 처리해야 한다. 유언 집행자는 그것을 안전한 곳에 투자해 기금을 조성하고, 거기서 나오는 이자는 지난해 인류에게 가장 큰 공헌을 한 사람들을 선정해 상금의 형태로 매년 지급하도록 한다. 그리고 그 이자는 5개 부문에 공헌한 사람들에게 골고루 분배한다.

첫째, 물리학 분야에서 가장 중요한 발견이나 발명을 한 사람

둘째, 가장 중요한 화학적 발견이나 개선을 이룬 사람

셋째, 생리학이나 의학 분야에서 가장 중요한 발견을 한 사람

넷째, 문학 분야에서 가장 뛰어난 이상적 경향의 작품을 쓴 사람

다섯째, 국가 간의 우호를 증진시키거나 군대의 폐지나 감축에 기여한 사람 또는 평화회의를 개최하거나 추진하는 데 가장 큰 공헌을 한 사람

수상자를 선정하는 데 후보자의 국적을 고려해서는 안 되며, 스칸디나비아 사람이든 아니든 가장 적합한 인물이 상을 받아야 한다.

1895년 11월 27일 파리

알프레드 베른하르트 노벨

※노벨 경제학상은 스웨덴 중앙은행의 기부금으로 1968년에 조성되었기 때문에 노벨의 유언에는 언급되지 않았다.

2020
노벨 물리학상

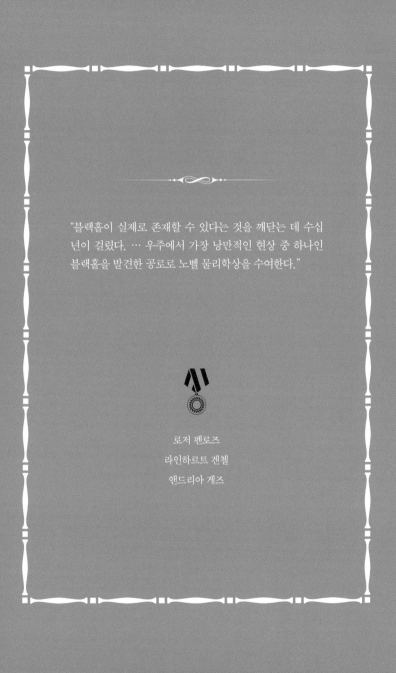

"블랙홀이 실제로 존재할 수 있다는 것을 깨닫는 데 수십 년이 걸렸다. … 우주에서 가장 낭만적인 현상 중 하나인 블랙홀을 발견한 공로로 노벨 물리학상을 수여한다."

로저 펜로즈
라인하르트 겐젤
앤드리아 게즈

2020 노벨 물리학상

스웨덴 왕립과학한림원은 "블랙홀 형성이 일반상대성이론의
강력한 증거라는 점을 규명한 공로"로 로저 펜로즈에게,
"우리은하 중심에 있는 초대형 블랙홀을 발견한 공로"로
라인하르트 겐첼과 앤드리아 게즈에게 2020년 노벨 물리학상을
공동 수여하기로 결정했습니다.

2020년 노벨 물리학상은 우주에서 가장 매혹적인 현상인 블랙
홀을 연구한 세 명의 수상자가 공동으로 받습니다. 로저 펜로즈
는 일반상대성이론이 블랙홀의 형성으로 이어진다는 것을 규명
했습니다. 라인하르트 겐첼과 앤드리아 게즈는 눈에 보이지 않고
매우 무거운 물체가 우리은하의 중심에 있는 별들의 공전 궤도를
지배한다는 것을 발견했습니다. 그 매우 무거운 물체의 정체는
지금까지 알려진 바로는 초대형 블랙홀이 유일합니다.

옥스퍼드대학교의 교수인 로저 펜로즈는 블랙홀이 알베르트
아인슈타인의 일반상대성이론과 직결된다는 것을 증명하는 과

정에서 독창적인 수학 모형을 사용했습니다. 아인슈타인은 사실 블랙홀, 안으로 들어가는 모든 것을 빨아들이는 슈퍼 헤비급 중량의 괴물이 실제로 존재한다고 믿지는 않았습니다.

아인슈타인이 세상을 떠나고 10년이 지난 뒤인 1965년 1월, 로저 펜로즈는 블랙홀이 실제로 형성될 수 있음을 증명하고 이를 상세하게 설명했습니다. 블랙홀은 그 중심부에 기존의 모든 자연법칙이 중단되는 특이점을 숨기고 있습니다. 그의 획기적인 논문은 아인슈타인 이후 일반상대성이론에 가장 큰 기여를 한 연구로 지금까지 인정받고 있습니다.

사실 블랙홀의 역사는 18세기 말까지 거슬러 올라갑니다. 그런 다음 아인슈타인의 일반상대성이론을 통해 우리는 이러한 물체를 실제로 묘사할 수 있는 도구를 갖게 되었습니다. 그러나 이러한 물체를 설명하는 수학은 엄청나게 복잡했습니다. 많은 연구자가 블랙홀이란 단지 종이에만 존재하는 수학적 인공물에 지나지 않는다고 믿었습니다. 블랙홀이 실제 세계에 존재할 수 있다는 것을 깨닫는 데는 수십 년이 걸렸습니다. 그게 로저 펜로즈가 한 일입니다. 그는 수학을 통해 별이 붕괴되어 블랙홀로 변하는 것임을 증명해냈습니다.

라인하르트 겐첼과 앤드리아 게즈는 각자 천문학자 연구팀을 이끌며 1990년대 초부터 우리은하 중심에 있는 궁수자리 A*라는 구역을 집중적으로 연구해왔습니다. 그들은 은하계 중심부에 가장 가까운 별들의 궤도를 점점 더 정확하게 관측했습니다. 두 연구팀은 각각 별들을 뒤죽박죽 끌어당겨 굉장히 빠른 속도로 세차게 운동시키는 극도로 무겁고도 보이지 않는 천체를 동일하게 발견했습니다. 그리고 이들은 우리은하 중심에 있는 초거대 블랙홀의 질량을 정확하게 계산해냈습니다. 계산에 따르면 우리은하의 중심에는 우리 태양계보다 크지 않은 공간에 태양 질량의 약 400만 배에 달하는 블랙홀이 있습니다.

많은 물리학자가 50년이 넘도록 우리은하의 중심에 블랙홀이 있을 수 있다고 생각했습니다. 그러나 이 아이디어를 입증하려면 기술이 뒷받침되어야 했습니다. 라인하르트 겐첼과 앤드리아 게즈는 세계에서 가장 큰 망원경을 사용하여 거대한 성간 가스와 먼지구름을 통해 우리은하 중심부까지 볼 수 있는 방법을 개발했습니다. 그들의 발견은 기술의 한계를 넓혔습니다. 그들은 지구의 대기로 인한 왜곡을 상쇄하는 새로운 기술을 개량했고, 독특한 기구를 제작해 장기적인 연구에 전념했습니다. 이들의 선구적인 연구는 우리에게 우리은하 중심에 있는 초대형 블랙홀에 대한 가장 확실한 증거를 제공해주었습니다.

노벨 물리학위원회의 데이비드 하빌랜드David Haviland는 이렇게 말했습니다.

"올해 수상자들의 발견은 소형 및 초대형 천체 연구에 새로운 지평을 열었습니다. 그러나 이 매혹적인 천체는 여전히 답을 요하는, 그리고 미래 연구에 동기를 부여하는 많은 질문을 제기합니다. 내부 구조에 대한 질문뿐만 아니라 블랙홀 바로 근처라는 극한 조건에서 우리의 중력 이론을 시험할 수 있는 질문들입니다."

로저 펜로즈 Roger Penrose

1931년 영국 콜체스터 출생. 1957년 케임브리지대학교에서 박사학위를 받았다. 스티븐 호킹과 함께 천체물리학에서 많은 업적을 세웠다. 영국 옥스퍼드대학교 교수이다.

라인하르트 겐첼 Reinhard Genzel

1952년 독일 출생. 1978년 독일 본대학교에서 박사학위를 받았다. 막스플랑크 외계물리연구소 소장이자 미국 버클리 캘리포니아대학교 교수이다.

앤드리아 게즈 Andrea Ghez

1965년 미국 뉴욕 출생. 1992년 캘리포니아공과대학에서 박사학위를 받았다. 로스앤젤레스 캘리포니아주립대학교 교수이다.

블랙홀과 우리은하의
가장 어두운 비밀을 풀다

안녕하세요. 천문학자 이명현입니다. 2020년 10월에도 노벨 물리학상 수상자가 발표되었습니다. 2020년 노벨 물리학상의 주제는 블랙홀입니다. 언젠가 블랙홀을 연구한 사람이 노벨상을 받을 것이라고 생각하고 있었지만, 그게 올해일지는 아무도 몰랐습니다.

2020년 노벨 물리학상은 세 연구자가 공동 수상을 했습니다. 그 셋 중 한 명은 블랙홀에 대한 이론을 정립한 로저 펜로즈고, 나머지 두 명은 블랙홀의 존재를 실제 관측을 통해 증명한 라인하르트 겐첼과 앤드리아 게즈입니다. 노벨 물리학상은 종종 이처럼 이론적 토대를 만든 연구자와 관측을 통해 그 이론을 입증한 연구자에게 함께 주는 경우가 있습니다.

이론은 관측으로 완성된다

2020년 노벨 물리학상에서 절반의 공헌을 세운 로저 펜로즈는 옥스퍼드대학교 교수이고 나이가 거의 90세에 가깝습니다. 현재 살아 있는 최고의 수학자 중 한 명으로 꼽히는 로저 펜로즈는 물리학과 천문학에 수학적인 내용을 적용하는 작업을 많이 해왔습니다. 특히 알베르트 아인슈타인Albert Einstein(1879~1955)의 일반상대성이론을 수학적으로 풀었습니다. 블랙홀이라는 천체가 실제로 존재할 수 있는지 수학적으로 계산해본 것이죠.

펜로즈가 계산한 결과, 일반상대성이론에 따르면

블랙홀은 너무나도 자연스럽게 생길 수밖에 없었습니다. 즉 펜로즈가 블랙홀의 존재를 일반상대성이론에 따라서 이론적으로 입증한 것이죠. 펜로즈 덕분에 블랙홀이라는 존재가 천문학과 천체물리학에서 실제로 다뤄볼 만한 주제가 되었습니다.

이와 더불어 이번 노벨 물리학상을 설명할 때 피할 수 없는 주제가 바로 특이점입니다. 차차 설명하겠지만, 로저 펜로즈는 특이점의 비밀을 수학적으로 풀어낸 공로로 노벨 물리학상을 받았습니다. 다른 두 수상자는 관측을 통해서 펜로즈의 이론을 입증했습니다. 천문학과 물리학에서는 아무리 아름다운 이론이라하더라도 실제로 확인을 하는 게 무척 중요합니다. 어떤 이론이 확인되지 않은 상태라면 그저 '수학적인 모형으로 남았다'고 합니다.

로저 펜로즈와 함께 노벨상을 받은 겐첼과 게즈는 우리은하의 중심에 거대한 블랙홀이 있다는 것을 관측적으로 확인했습니다. 증명한 것이죠. 이렇게 로저 펜로즈는 블랙홀에 대한 이론 체계를 세우고, 라인하르트 겐첼과 앤드리아 게즈는 그 이론을 관측을 통해 증명한 것입니다.

제가 여기서 여러분과 나누고자 하는 이야기는 결국 블랙홀에 대한 이야기입니다. 물론 블랙홀 이야기를 하자면 무척 길고 복잡하겠지만, 오늘은 이론과 관측이라는 두 부분에서 노벨 물리학상을 받게 된 이야기에 초점을 맞춰보겠습니다.

무엇이든 빨아들이는 블랙홀?

'블랙홀'이라고 하면 흔히 떠올리는 이미지가 있습니다. '무엇이든 빨아들인다.' '한번 들어가면 절대로 못 나온다.' 대부분 이렇게 생각하죠. 물론 틀린 말은 아닙니다. 하지만 굉장히 소박하고 오래된 이야기입니다. 이제 블랙홀 연구자 중에서 노벨 물리학상 수상자가 배출되기도 했으니, 그런 이미지를 바꿀 때가 된 것 같습니다.

일단 고전적인 이야기를 해보겠습니다. 블랙홀이 무엇이든 빨아들이고, 한번 블랙홀에 들어가면 절대로 못 나온다는 말에 연결되는 개념은 빛의 속도입니다. 빛은 1초에 30만 킬로미터, 정확하게는 299,792,458킬로미터를 달립니다. 무척 빠르죠. 1초에 지구를 일곱 바퀴 반을 돌고, 달까지는 1.3초 만에 갑니다. 태양까지는 8분 20초가 걸리죠. 그러니 태양은 얼마나 멀리 있는 걸까요? 빛이 1초에 30만 킬로미터를 날아가는데도 태양까지는 8분이나 걸립니다.

빛은 물론 빠르지만 분명 이동하는 데 시간이 걸립니다. 물론 우주에서 가장 빨리 정보를 전달할 수 있는 수단이 바로 빛입니다. 현재 인류가 밝혀낸 물리학 체계에서 빛보다 빨리 움직일 수 있는 것은 없습니다. 한곳에서 다른 곳으로 이동할 때 가장 빠른 속도가 결국 빛의 속도입니다.

인류가 지구 표면에서 로켓을 타고 우주 공간으로 탈출하려면 지구 표면의 중력을 이겨야 합니다. 그래야 지구에서 벗어날 수 있습니다. 아무리 공을 잘 던

로켓이 우주에 가려면 초속 11킬로미터 이
상의 속도로 날아 지구의 중력을 이겨야
한다.

지는 사람이 하늘로 공을 던져봐야 올라갔다 다시 떨
어집니다. 탈출 속도를 넘지 못했기 때문이죠.

지구의 탈출 속도는 대략 초속 11킬로미터입니다.
1초, 째깍 하는 사이에 11킬로미터를 날아야 하는 겁
니다. 그런데 이 탈출 속도라는 것은 해당 천체의 질량
과도 관련이 있습니다. 어떤 별 혹은 행성이 무거울수

록, 그러니까 질량이 크거나 밀도가 높을수록 표면의 탈출 속도는 커질 수밖에 없습니다.

한번 상상해봅시다. 어느 천체의 표면 탈출 속도가 초속 200킬로미터라고 해봅시다. 1초에 200킬로미터 속도로 날아가야 탈출할 수 있다는 거죠. 정말 탈출하기 힘들겠죠? 그런데 어떤 천체의 질량 밀도가 말도 못하게 커서, 탈출 속도가 빛의 속도와 같아진다면 어떨까요? 탈출 속도가 초속 30만 킬로미터인 겁니다. 그러면 빛을 쏘아도 올라가지 못하고 그냥 거기서 끝나버리고 말 겁니다. 설사 빛을 쏘아 올린다 해도 곧바로 떨어져버리죠.

이럴 경우 바깥에서 볼 때 빛의 속도가 표면의 탈출 속도와 같아지는 지점을 연결하는 어떤 경계선이 생길 겁니다. 그 경계선 안으로 무언가가 들어가면, 빛이 나오지 못하기 때문에 바깥에서 볼 때는 들어간 뒤 아무것도 보이지 않게 되죠. 그 내부에서 어떤 일이 일어나는지 아무도 모르는 경계의 안쪽이 생겨나는 겁니다.

이것이 고전적인 의미의 블랙홀입니다. 블랙홀 근처에만 가도 중력이 너무 강해서 빨려 들어가고, 한번 빨려 들어간 것은 외부에서 관찰할 수 없죠. 그래서 고전적 개념에서는 빛이 나오지 못하는 경계 지역의 안쪽을 블랙홀이라고 했습니다. 고전적인 의미의 블랙홀 개념이 틀린 것은 아닙니다. 그런데 그것을 지금은 일반상대성이론으로 설명합니다.

만유인력에서 일반상대성이론으로

만유인력의 법칙은 다들 아실 겁니다. 만유인력의 법칙을 요즘에는 보편중력의 법칙이라고 합니다. 모든 물체에는 서로 잡아당기는 힘이 있다는 것이죠. 질량이 큰 물체가 질량이 더 작은 물체를 잡아당긴다고 하죠. 이것이 뉴턴역학에서 이야기하는 만유인력의 법칙, 보편중력의 법칙입니다. 이런 뉴턴역학을 고전역학이라고 합니다.

만유인력의 법칙에는 중력이라고 하는 힘의 실체가 있습니다. 무엇이든 빨아들이고 잡아당기는 힘, 중력이라는 개념입니다. 만유인력의 법칙에 따르면 중력이 미치는 영역과 미치지 않는 영역에 경계선이 생기는 것을 설명할 수 있죠.

지금은 상황이 많이 달라졌습니다. 아인슈타인의 일반상대성이론에 따라서 중력이론을 기술하죠. 그런데 일반상대성이론에서는 전혀 다른 개념으로 중력을 이야기합니다. 로저 펜로즈는 블랙홀을 설명하면서 '강한 중력'이 아니라 아인슈타인의 일반상대성이론을 따랐습니다.

일반상대성이론과 만유인력의 법칙의 차이를 모두 설명하기에는 지면의 한계도 있으니 아주 간단하게 설명해보겠습니다. 우주 공간에 질량이 있는 물체를 천체라고 합니다. 예를 들어 저를 하나의 물체라고 이야기해보겠습니다. 저는 물체이고, 질량이 있습니다. 제가 우주 공간에 있으면 저는 이 공간에서 중력을 가지고 있는 겁니다. 제 주변의 공간과 저는 아무런 관계

아인슈타인의 일반상대성이론은 뉴턴역학과 달리 공간의 휘어짐으로 중력 개념을 파악한다.

가 없습니다. 제가 질량을 차지한 채 여기 있어도 제 주변의 공간은 꿈쩍도 하지 않습니다. 아무런 영향을 주고받지 않습니다. 제가 뚜벅뚜벅 걸어서 앞으로 간다고 해도 이 공간은 그냥 배경으로만 존재합니다. 저와 전혀 상호작용하지 않습니다.

  일반상대성이론에서는 이와 다른 이야기를 합니다.

바로 제가 차지하는 질량만큼 주변 공간이 휜다고 합니다. 제 질량이라는 게 너무 미미해서 보이지 않지만, 어떤 식으로든 제 주변의 공간은 휘어 있습니다. 말인즉, 저라는 물체의 질량 크기와 이 배경 공간이 상호작용한다는 것입니다.

제가 미미하게나마 질량을 차지하기 때문에 제 주변 공간도 휘어 있습니다. 그런데 제가 만약 뚜벅뚜벅 걸어나가면 상황이 바뀝니다. 제가 있던 자리에는 질량을 가진 물체가 없어졌고, 제가 이동한 곳에는 질량을 가진 물체가 생긴 것이죠. 그럼 어떤 상황이 벌어질까요? 굽거나 휘어졌던 공간이 쫙 펴집니다. 제가 없어졌으니까요. 상황이 변한 것입니다. 제가 걸어가는 동안 공간이 끊임없이 휘면서 변화합니다. 제가 가만히 서서 손을 움직일 때도 그에 따라서 공간은 휘어지고 변화합니다.

이것을 천체에 대입해보겠습니다. 태양은 질량이 엄청나게 큽니다. 그렇다 하더라도 뉴턴역학에서는 태양과 공간이 아무 상관이 없겠죠? 하지만 일반상대성이론에 따르면 태양 주변의 공간은 태양 질량의 크기만큼 휘어져 있습니다. 태양이 움직이면 공간이 펴지고, 움직인 곳으로 휘어집니다. 이것이 일반상대성이론에서 공간을 이야기하는 방식입니다. 뉴턴역학과는 전혀 다르죠.

아인슈타인이 옳았다

일반상대성이론은 1919년에 아서 에딩턴Arthur Edding ton(1882~1944)이라는 천문학자가 증명했습니다. 빛은 직진하는 성질이 있는데, 공간이 휘어져 있으면 그 휘어진 공간을 따라서 최소 거리를 가기 위해 빛이 휘어질 것이라고 에딩턴은 생각했습니다. 태양 주변을 지나는 별빛을 보면 이것을 파악할 수 있었죠. 문제는 태양을 우리가 마음대로 갖다놓을 수 없다는 것이었습니다. 낮에는 태양이 있지만 별이 보이지 않고, 밤에는 별이 보이지만 태양이 없죠.

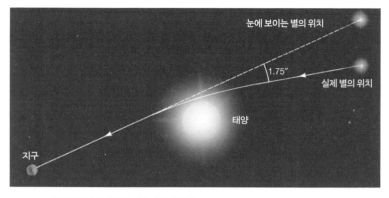

눈에 보이는 별의 위치

1.75″

실제 별의 위치

태양

지구

빛은 질량이 큰 천체를 지날 때 휘어진 공
간을 따라 굴절된다.

에딩턴은 개기일식을 떠올렸습니다. 개기일식은 달
이 태양을 가리는 현상입니다. 태양을 달이 가리는 순
간에 깜깜해지면서 주변에 밝은 별들이 보입니다. 에
딩턴은 개기일식이 일어나기 여섯 달 전에 밤하늘에
어떤 별이 있는 지역을 촬영했습니다. 물론 이때는 태
양이 없는 상태죠.

여섯 달 뒤 개기일식 때 에딩턴은 같은 지역의 사진
을 또 찍었습니다. 개기일식으로 태양이 싹 가려져 주

변에 별들이 나타난 사진을 찍은 것이죠. 이때 나타난 별들은 태양에 의해서 주변 공간이 휘어진 것을 지나온 별들입니다. 여기서 일반상대성이론이 맞다면 별들의 위치가 달라졌을 겁니다. 그래서 이전에 찍은 사진과 이 사진들을 겹쳐봤습니다. 이때 별들의 위치가 달라졌으면, 아인슈타인이 옳은 거고 달라지지 않았으면 뉴턴이 옳은 거죠. 에딩턴은 1919년에 개기일식을 관측해서 일반 대중 앞에서 시연을 했습니다. 두 사진을 딱 겹쳐서 보여준 것이죠.

아니나 다를까 사진에 차이가 있었습니다. 일반상대성이론이 증명된 것이죠. 이렇게 일반상대성이론이 표준중력이론이 되었습니다. 여기서 중요한 지점이 있습니다. 공간이 휜다는 것이죠. 만유인력의 법칙에서는 끌어 잡아당기는 힘을 이야기했는데, 이제는 '힘'이라는 이야기를 하기 힘들게 되었습니다.

만유인력의 법칙에 따르면 지구는 태양의 중력에 끌어당겨지는데, 이 중력이 지구의 관성력과 비겨서 공전하게 된다고 설명합니다. 그런데 공간이 휘어 있으니 그 설명이 어려워지죠.

공간이 휘는 정도는 곡률이라고 합니다. 질량이 큰 물체의 주변은 곡률이 크고, 질량이 작은 물체는 곡률이 작죠. 이렇게 곡률이라거나 휘어졌다는 식으로 이야기하는 것은 역학이 아니라 기하학입니다.

예를 들어서 커다란 천을 펼쳐놓고 그 가운데 무거운 구슬을 놓으면 그 구슬을 중심으로 공간이 휩니다. 천의 가장자리에 다른 작은 구슬들을 던져놓으면 이 구슬들이 데굴데굴 굴러다닙니다. 일반상대성이론에서는 이렇게 작은 구슬들이 큰 구슬 주변을 도는 것이 아니라 굴러다닌다고 표현합니다.

이때 천에 폭 들어간 곡률의 크기가 중력의 크기입니다. 힘이라는 개념이 아니라, 어떤 물체가 곡률을 만드는데, 그 곡률의 크기가 중력의 크기인 것이죠. 그리고 그 중력의 크기에 의해서 만들어진 휘어진 공간을 주변의 물체들이 데굴데굴 굴러다닙니다. 이게 일반상대성이론입니다. 단순히 블랙홀이 빨아들이는 것이라고 하는 개념과 굉장히 다르죠.

간단한 비교를 통해서 알아보겠습니다. 지구와 태양과 블랙홀이 있습니다. 지구의 질량밀도와 태양의 질량밀도, 블랙홀의 질량밀도는 굉장히 다릅니다. 지구의 곡률은 아주 작을 것이고, 태양은 지구보다 엄청나게 크니까 태양 주변의 공간은 더 많이 휘었겠죠. 그러면 당연히 곡률도 더 크고요. 태양보다 질량이 열 배 큰 어떤 별이 있으면 그 별 주위의 공간은 더 많이 휘었을 겁니다.

블랙홀은 무척 작은 곳에 엄청나게 큰 질량이 들어가 있어서 그 질량밀도가 엄청나게 큰 천체를 말합니다. 고전적으로 얘기할 때 표면 탈출 속도가 빛의 속도보다 크다는 얘기는 그 밀도가 엄청 높다는 뜻입니다. 즉 밀도가 극단적으로 높은 천체가 블랙홀이죠. 그렇다면 블랙홀 주변의 공간은 엄청나게 휘어 있겠죠. 곡률이 그만큼 큰 겁니다. 구슬 하나가 지구 주변과 블랙홀 주변을 굴러다닌다고 생각해봅시다. 당연히 구슬은 블랙홀 주변에 빠질 확률이 더 클 겁니다. 곡률이 가파르니까요. 블랙홀 근처에 가기만 해도 대

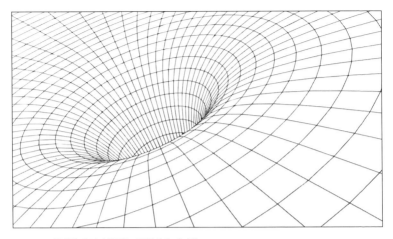

블랙홀 주변의 물체는 무한대에 가까운
블랙홀의 곡률에 끌려 굴러떨어진다.

책 없이 미끄러져서 빠져버리는 거죠.

일반상대성이론에서 블랙홀을 이야기할 때는 강한
중력이 잡아당겨서 빨아들인다고 표현하지 않습니다.
블랙홀이 만들어놓은 거의 무한대에 가까운 곡률 주
위를 데굴데굴 굴러떨어진다고 표현합니다. 이렇게 첫
번째 장애물을 넘으셨습니다. 두 번째 장애물을 넘으
시면 펜로즈의 이야기를 이해할 수 있을 겁니다.

특이점과 사건의 지평선

1965년 로저 펜로즈는 논문을 한 편 발표했습니다. 바로 중력붕괴와 시공간 특이점에 관한 논문입니다. 3쪽짜리 짧은 논문입니다. 심지어 한 쪽은 반이 다른 논문과 겹쳐 있어서 잘만 정리하면 두 쪽에 끝낼 수 있는 논문이죠. 이 논문 이후로 블랙홀이 본격적으로 천체물리학의 연구 대상이 되었다고 해도 과언이 아닙니다.

이 논문에는 그림이 한 장 있습니다. 엄청나게 유명한 그림이죠. 펜로즈는 어떤 천체를 가정했습니다. 천체는 여러 물질로 구성되어 있는데, 물질이 많이 모여 있으면 중력의 영향 때문에 불안정해져서 붕괴합니다. 고전적으로 이야기하자면 '붕괴한다'는 것은 물질들이 너무 많아서 서로 꽉 잡아당긴다는 것이고, 일반상대성이론에 따라 이야기하면, 급격한 곡률에 물질들이 빠져서 일어나는 것이죠. 물체가 수축한다는 것은 밀도가 높아진다는 겁니다. 만약 지구가 지름 100미터

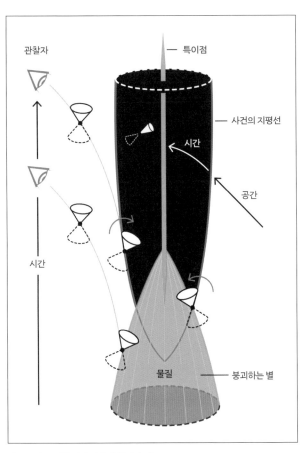

관찰자

특이점

사건의 지평선

시간

공간

시간

물질

붕괴하는 별

펜로즈의 「중력붕괴와 시공간 특이점」에
실린 그림을 재구성한 이미지

짜리 구로 줄어든다고 상상해봅시다. 그럼 그 100미터 안에 지구에 있는 모든 물질을 집어넣어야 하니까 밀도가 엄청나게 높아지는 것이죠. 이렇게 어떤 물체가 수축해서 작아지는데 질량은 동일하다면 밀도가 엄청나게 높아집니다. 이런 과정을 중력붕괴라고 합니다. 실제로 별에서 일어나는 과정이죠.

중력붕괴가 끝없이 일어나면 어떻게 될까요? 중력붕괴가 일어나는 과정을 일반상대성이론에서 이야기하는 곡률에 맞춰서 이야기할 수 있습니다. 중력붕괴가 끝없이 일어나면 주변 공간의 휘는 정도가 커집니다. 곡률이 커지는 것이죠. 심해진 곡률에 더 많은 물체가 들어가고, 그럴수록 질량밀도도 커지고 그러면서 주변 공간이 더 휘어집니다. 이게 바로 블랙홀의 생성 과정입니다.

곡률이 커진다는 것은 중력이 커진다는 것이고, 나중에는 갈수록 붕괴해서 점이 된다고 상상할 수 있습니다. 그 점에서는 곡률이 무한대가 되고, 질량밀도 역시 무한대가 되겠죠. 이 점을 특이점이라고 합니다. 어떤 물체가, 막을 수 있는 메커니즘도 없는 채로 중력붕괴를 시작하면 이 붕괴가 끝없이 일어나 결국 특이점으로 붕괴하는데, 그것이 바로 블랙홀입니다. 이렇게 일반상대성이론에 따라 특이점과 그 주변 공간에서 시공간이 휘는 정도를 보고 블랙홀을 연구할 수 있다는 것이 펜로즈 논문의 요지입니다.

블랙홀은 어렵지 않습니다. 곡률이 커지다 못해 점이 되는데, 그것이 특이점입니다. 그 특이점 근처에는 제가 아까 말씀드린 경계선이 생깁니다. 그것을 사건의 지평선이라고 합니다. 사건의 지평선은 탈출 속도와 빛의 속도가 같은 지점이죠. 안쪽은 탈출 속도가 빛의 속도보다 크고, 바깥쪽은 탈출 속도가 빛의 속도보다 작죠. 그래서 블랙홀을 그릴 때는 동그라미를 그리고 그 안에 점을 하나 딱 찍으면 됩니다. 그 점은 특이점이고, 동그라미는 사건의 지평선이죠.

펜로즈가 이야기한 것이 이겁니다. 일반상대성이론에 따르면 이런 일들이 실제로 일어난다는 것이죠. 생각해보세요. 직진하는 성질을 가진 빛이 이 블랙홀 근

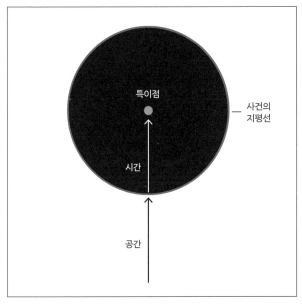

특이점

사건의
지평선

시간

공간

사건의 지평선 안으로 들어가면 다시 나
올 수 없다. 특이점은 곡률이 무한대에 이
르는 곳으로, 여기서는 시간마저 흐르지
않는다.

처를 지나면 그 휘어진 공간을 따라서 빛도 휘어집니
다. 그래서 사건의 지평선 가까이 다가갈수록 곡률이
더 커지니까 그 안으로 빨려 들어가는 겁니다. 사건의

지평선 안은 시간과 공간이, 우리가 평상시에 경험하는 것처럼 일대일 대응하는 것이 아니라 극단적으로 굽어 있습니다. 이렇게 특이점에 이르게 되면 이상한 현상이 벌어집니다.

사건의 지평 안으로 들어가면 다시 밖으로 나올 수가 없습니다. 그래서 '공간의 자유도가 없다'고 합니다. 빠져나올 수가 없으니까요. 그런데 특이점에서는 시간의 자유도마저 없어집니다. 특이점으로 간다는 것은 곡률이 무한대에 이르는 곳으로 간다는 것이죠. 이곳에선 더이상 시간도 흐르지 않습니다. 이러한 사실을 로저 펜로즈가 특이점에 대한 연구를 통해 밝혀낸 겁니다. 사건의 지평선이라는 개념도 수학적으로 개념화했죠.

이제 정리해보겠습니다. 특이점 안에서는 물리법칙이 성립하지 않기 때문에 관련 연구를 할 수 없었습니다. 그런데 펜로즈가 이것을 일반상대성이론에 따라 연구 가능한 영역으로 끌어들였죠. 이는 일반상대성이론을 지지하는 것이기도 합니다. 이처럼 블랙홀의 이론적 토대를 제공해 블랙홀을 실제로 인류가 연구할 수 있는 주제로 만들었다는 것이 펜로즈의 가장 큰 업적입니다.

여담 한마디 더 하고 펜로즈 이야기는 마치겠습니다. 1965년 스티븐 호킹Stephen Hawking(1942~2018)이 펜로즈의 논문에 자극을 받아 논문을 썼습니다. 사실 호킹은 펜로즈의 세미나를 직접 듣지는 않았습니다. 동료의 이야기를 듣고 흥미를 느껴서 논문을 쓰고, 그 논문으로 박사학위를 받았죠.

호킹의 박사학위 논문은 펜로즈의 이론을 거꾸로 적용한 것입니다. 빅뱅은 블랙홀과 달리 우주가 커지는 겁니다. 블랙홀이 중력붕괴를 통해 작아지는 거라면 빅뱅은 작은 특이점에서 커지는 겁니다. 그래서 이것을 역으로, 우주 전체에 적용했습니다. 그래서 빅뱅 우주론에서 특이점을 연구한 것입니다.

누구나 알지만 아무도 모르는 블랙홀

펜로즈의 이론은 블랙홀을 관측하는 데 강력한 이론적 토대가 되었습니다. 이를 바탕으로 라인하르트 겐첼과 앤드리아 게즈가 블랙홀을 실제로 관측해 노벨 물리학상을 공동 수상했죠. 겐첼과 게즈는 우리은하의 중심 부분에 거대한 질량을 가진 블랙홀이 존재한다는 것을 관측적으로 입증했습니다. 특히 앤드리아 게즈는 매우 드문 여성 노벨 물리학상 수상자라 더 의미가 깊죠.

지금부터는 어떻게 블랙홀을 관측했는지에 대한 이야기를 해보겠습니다. 블랙홀을 관측적으로 연구하는 사람들은 굉장히 많습니다. 하지만 이 두 수상자는 초창기부터 상당히 뛰어났죠. 겐첼과 게즈의 연구팀이 각각 우리은하 중심의 블랙홀을 연구했는데, 그 결과가 일치했습니다. 각각 다른 연구진이 독립적으로 연구했는데, 그 결과가 일치한다는 것은 굉장히 좋은 소식입니다. 그것이 진실에 가까울 수 있다는 의미이기 때문이죠. 이들이 어떤 연구로 노벨 물리학상을 탔는지 이야기하기 전에 블랙홀 관측이 어디까지 왔는지 먼저 조금 이야기해보겠습니다.

블랙홀은 이제 굉장히 유명한 주제입니다. 초등학생들도 알 정도죠. 최근에 블랙홀과 관련해 노벨 물리학상을 받은 연구가 있습니다. 바로 중력파죠. 2017년 수상자들이 중력파를 발견해서 상을 받았습니다. 중력파 역시 아인슈타인의 일반상대성이론과 관련이 있습니다. 중력파는 블랙홀들이 충돌하면서 발생합니다. 이런 중력파를 발견했다는 것은 사실상 블랙홀을 직접 관측했다는 뜻이기도 합니다.

노벨상을 받는 것과 무관하게 블랙홀은 이미 우리에게 아주 친근한 대상이 되었습니다. 영화로도 많이 제작되었죠. 그중에서 〈인터스텔라Interstellar〉라는 영화 이야기를 해보겠습니다. 세계적으로도 흥행한 영화지만 우리나라에서 유독 많은 사람이 봤다고 합니다. 들리는 말로는 부모님이 아이들을 데리고 가서 학습 목적으로 보여줬다고도 하네요.

영화 〈인터스텔라〉의 크리스토퍼 놀런 감
독은 천체물리학자 킵 손의 연구를 바탕
으로 가장 근사한 블랙홀의 모습을 영화
에서 구현했다.

어쨌든 이 영화에 블랙홀 장면이 나옵니다. 블랙홀
이 있는 천체에 가기도 하고, 웜홀도 나오고 그럽니
다. 영화에는 일반상대성이론 내용이 굉장히 많이 담
겨 있는데, 이것을 감독인 크리스토퍼 놀런이 혼자
공부한 것이 아닙니다. 중력파 연구로 노벨 물리학상
을 받은 킵 손Kip Thorne(1940~)의 자문을 받았죠. 영화
속의 블랙홀은 킵 손의 연구 데이터를 시각화해서 재
구성한 것이고요. 그래서일까요? 영화에 나오는 블랙

홀의 이미지가 어느 과학자가 그린 블랙홀의 모습보다 실제에 더 가깝다고 합니다. 이렇게 영화를 통해서 블랙홀이 다시 한번 우리에게 더 가깝게 다가왔습니다.

블랙홀에도 여러 종류가 있는데, 영화 〈인터스텔라〉에 나오는 블랙홀은 항성질량 블랙홀stellar-mass black hole이라고 합니다. 쉽게 이야기하자면, 태양보다 엄청나게 무거운 별이 중력붕괴를 함으로써 거대한 질량이 아주 작은 부피 안에 들어가면서 밀도가 엄청나게 높아져 블랙홀이 되는 것이죠. 흔히 생각하는 이런 방식의 블랙홀을 항성질량 블랙홀이라고 합니다. 별, 즉 항성이 블랙홀이 되는 것이죠.

별에는 타고난 질량이 있습니다. 태양보다 질량이 작은 별도 있을 것이고, 태양보다 질량이 큰 별도 있을 겁니다. 가령 태양보다 질량이 8배, 10배, 30배 큰 별들이 있다고 해봅시다. 그 별들은 우리 태양과 마찬가지로 동그란 모양입니다. 균형을 잡고 있는 거죠. 평형 상태에 있는 겁니다. 그런데 계속 그 형태일 수는 없습니다. 별이 수명을 다하면 균형이 깨져서 커졌다 작아졌다 하다가 중력붕괴를 시작합니다. 단, 자기가 가지고 있는 질량만큼만 붕괴하죠.

중력붕괴를 하려면 엄청나게 빠르고 강하게 해야 합니다. 하지만 우리 태양에게는 그만한 질량이 없습니다. 힘이 부족해요. 그래서 우리 태양은 블랙홀이 되지는 못하고 백색왜성이라는 작은 천체가 된 채로 죽습니다. 그런데 태양보다 8배 혹은 10배 정도만 무거워도 상황이 달라집니다. 질량이 너무 압도적이어서 붕괴를 멈추지 못합니다. 붕괴를 막을 만한 메커니즘이 없는 거죠. 일반상대성이론에 따라 이야기하자면, 붕괴하면서 주변 공간이 휘어지고 곡률이 커지다 거의 무한대에 이르는 특이점으로 가는 과정을 막아내고 버틸 만한 힘이 없을 정도로 중력붕괴가 일어나는 겁니다. 그 경우 안쪽에서 특이점으로 가는 블랙홀이 생성됩니다.

질량이 어느 정도만 크면 어떤 별이든 죽을 때 중력붕괴를 해서 블랙홀이 됩니다. 그리고 그 블랙홀의

우리 태양 질량의 10배 이상의 질량을 가
진 항성은 붕괴하면서 블랙홀이 된다. 그
림은 나선은하 NGC 300에서 새로 발견된
항성질량 블랙홀(상상도)로 태양 질량의
20배가량 된다.

마지막 질량은 원래 별의 질량과 비례하죠. 이론적으
로 한계는 있습니다. 얼마 이상 크기의 블랙홀을 만들
어내지는 못하죠. 태양 질량의 50~60배 정도의 블랙
홀이 만들어지려면 별이 그만큼 커야 하는데, 그렇게
큰 별이 그다지 많지 않습니다. 태양 질량의 1000배

정도 되는 별이 있어야 그런 붕괴가 이루어집니다. 50~60배 정도 되는 블랙홀은 항성 자체의 붕괴만으로는 만들어지기 힘듭니다. 태양 질량의 20배, 10배, 5배 정도 되는 것들은 만들어질 수 있겠죠.

블랙홀을 관측하는 방법

이제 항성질량 블랙홀의 존재를 관측하는 방법을 이야기하겠습니다. 항성질량 블랙홀은 이전에 별이었습니다. 빛이 나오니까 그것이 별이라는 것을 알죠. 그런데 어느 순간 이것이 블랙홀이 되었습니다. 사건의 지평선이 생기고 특이점을 향해 계속 붕괴하겠죠. 사건의 지평선 안쪽은 빛이 나올 수도 없고, 주변에 있는 것들도 들어가버려서 알 도리가 없습니다. 기본적으로 블랙홀로부터 나오는 무언가를 관측하는 것은 원리상 불가능합니다.

그러면 이 항성질량 블랙홀의 존재를 어떻게 알 수

있을까요? 몇 가지 방법이 있습니다. 일단, 블랙홀이 혼자 있으면 알 도리가 없어요. 하지만 주변에 뭔가가 있으면 됩니다. 블랙홀 주변에 있는 물체(천체)는 엄청난 곡률에 굴러떨어집니다. 그 과정이 굉장히 급격하게 일어나기 때문에 굴러떨어지는 에너지에 해당하는 만큼의 빛을 방출합니다. 보통 감마선, 엑스선, 전파가 방출되죠.

이런 현상은 블랙홀 혼자 있을 때 생기는 현상이 아닙니다. 굽어 있는 공간으로 무언가가 빨려 들어가야만 일어나는 현상입니다. 평평한 곳에서는 이런 현상이 일어나지 않죠. 이렇게 블랙홀 주변에서 급격하게 생기는 현상을 보고 항성질량 블랙홀의 존재를 알아낼 수 있습니다.

예를 들어 별 두 개가 나란히 있는데 하나가 먼저 붕괴해서 블랙홀이 되고 다른 하나는 여전히 별이라고 합시다. 한쪽에서는 난리가 났죠. 이 휘어진 공간의 곡률이 너무 커서 멀쩡한 별이 계속 굴러떨어지니까요. 그 과정에서 지속적으로 전파라든가 엑스선 같은 신호가 발산됩니다.

이 신호는 별과 별 사이 중력의 영향을 받아서 일어나는 것과는 달리 엄청나게 강렬한 사건일 겁니다. 그러면 그것을 보고 이렇게까지 강렬한 사건이 되려면 얼마나 큰 질량이 있어서 얼마나 곡률이 커야 하는지를 역으로 계산할 수 있죠. 이렇게 블랙홀의 질량을 알아냅니다.

블랙홀에는 항성질량 블랙홀만 있는 것은 아닙니다. 블랙홀은 굉장히 다양한 질량에서 존재할 수 있다는 것을 이론적으로, 관측적으로 알아내기 시작했습니다. 항성질량 블랙홀은 주변의 천체들이 굴러떨어지는 과정을 통해서 알아내고 있습니다. 그런데 이런 상상도 해볼 수 있는 거죠. 블랙홀인데 정말 작은 블랙홀이 있을까? 혹은 엄청나게 큰 블랙홀이 있을까?

그런 것이 존재하는지는 펜로즈의 이론에 따라서 계산할 수 있습니다. 관측은 할 수 없더라도 태양의 1000배 질량인 별이 특이점이 되고 블랙홀이 될 수 있는지를 이론적으로는 계산해볼 수 있습니다.

블랙홀 충돌 과정에서 중력파 방출
두 블랙홀이 충돌해 중간질량 블랙홀이
형성되는 과정에서 거대한 중력파가 발생
한다.

예를 들어 태양 질량의 5억 배가 되는 것들도 붕괴
해서 블랙홀이 될 수 있는지 계산해보았습니다. 계산
결과 태양 질량의 30~40배 정도 되는 것까지는 단일
한 별이 붕괴함으로써 블랙홀이 될 수 있는데, 태양
질량의 50~60배를 넘는 것들은 단순 붕괴를 통해서
생성될 수 없다는 결론이 나왔습니다. 그럼 이 정도

되는 블랙홀은 어떤 과정으로 생성될까요? 이미 있는 블랙홀끼리, 즉 태양 질량의 20배, 30배 되는 블랙홀들이 합쳐져서 50배짜리 블랙홀이 될 수 있습니다. 블랙홀이 충돌하는 거죠. 이렇게 이론적으로 예측한 겁니다. 자, 이제 이론을 확인하기 위해 블랙홀의 충돌을 관측하자는 전략이 세워진 겁니다.

아주 크고 아주 작은 블랙홀의 존재

이론의 중요성이 여기에 있습니다. 태양 질량의 50배, 100배 되는 블랙홀은 그보다 작은 몇 개가 뭉쳐서 만들어집니다. 20배짜리와 30배짜리가 합쳐져서 50배짜리가 되고(물론 조금 질량을 잃어버리긴 합니다), 주변에서 생성된 50배짜리 블랙홀과 또 합쳐져서 100배짜리 블랙홀이 됩니다. 이런 식으로 생각을 확장하는 겁니다. 1000배, 1만 배, 5억 배, 10억 배짜리 블랙홀도 있을까? 이론적으로는 가능합니다. 그런데 이것도 어느 단계가 되면 불안정해서 더이상 불가능한 지역이 생깁니다. 이런 식으로 해보니까 태양의 질량보다 작은 것부터 큰 것까지 가능하다는 것이 이론적으로 밝혀졌습니다. 이렇게 태양 질량보다 몇 억 배까지 큰 것을 초거대질량 블랙홀Supermassive black hole이라고 합니다. 어디에 있는지는 몰라도 어쨌든 가능하다는 거죠. 이론에 따르면 별들이 수십만 개 모여 있는 구상성단만 한 블랙홀도 가능합니다. 여러 메커니즘을 적용해야 하지만 이론적으로는 가능하죠.

이제 역으로 태양 질량보다 작은 블랙홀은 가능할지 생각해보았습니다. 작은 블랙홀도 그 안에 계속 욱여넣는 메커니즘만 있으면 가능합니다. 그렇게 하다 보니까 원자단위까지 내려갔습니다. 원자단위면 무척 작은데 어떻게 그게 블랙홀이 될 수 있을까요? 블랙홀은 크기와 질량의 관계입니다. 크기와 무관하게 밀도가 크면 되는 거죠. 단위면적당 엄청난 질량이 쌓여 있으면 되는 겁니다. 이론적으로는 그렇죠. 문제는 그것을 실제로 만들 수 있는 메커니즘을 찾는 겁니다. 연구자들이 또 달려들었죠. 그랬더니 원자단 위만큼 작은 곳에도 블랙홀을 만들 수 있음이 밝혀 졌습니다. 10^{-8}센티미터의 공간에 질량을 집어넣기만 하면 되는 것입니다. 이렇게 이론적 토대가 마련되었 으니 이제 찾아야죠.

항성질량 블랙홀은 많이 알려져 있습니다. 주변의 물질들이 유입되는 것을 보고 알 수 있죠. 그 후보들 이 많아서 초창기부터 관측했습니다. 큰 블랙홀은 이 렇게 관측할 수 있는데, 원자단위의 작은 블랙홀은 어 떻게 관측할 수 있을지가 고민거리였습니다. 극단적으 로 작은 곳에 큰 질량을 집어넣으려면 극단적인 실험 이 필요하기 때문이죠.

여기에 적합한 것이 바로 대형강입자충돌기Large Hadron Collider입니다. 유럽입자물리학연구소Conseil Européenne pour la Recherche Nucléaire(CERN)에서 스위스와 프랑스 접 경지역의 지하에 설치했죠. 대형강입자충돌기는 지하 50~150미터 깊이에 27킬로미터의 원형 터널로 이루어 져 있습니다. 이 터널 안에서 수소 원자의 핵인 양성자를 양방향으로 돌렸습니다.

터널 곳곳에는 자석을 깔아놓았습니다. 양전하를 띠는 양성자가 돌면서 가속을 하기 위해서죠. 이렇게 양방향으로 도는 양성자를 거의 빛에 속도에 가까이 가속한 다음 어느 지점에서 충돌하게 만들고, 이 충돌 지점에 감지기detector를 놓은 겁니다.

터널을 돌던 양성자는 충돌하는 순간 깨지는데, 그 과정에서 양성자 속에 있던 입자들이 튕겨 나옵니다. 물론 이 튕겨 나오는 입자들에도 전하가 있고, 터널 안 자석의 영향을 받아서 전하의 크기에 따라 이리저리 꺾입니다. 이것을 보고 전하량들을 알아낼 수 있죠.

어쨌든 양성자가 충돌해서 깨졌지만, 다시 합쳐지는 힘이 너무나 강하기 때문에 순식간에 다시 붙어버립니다. 감지기는 그 흔적을 봅니다. 계산 결과 그 정도의 충돌이 있을 때 순간적으로 원자단위의 블랙홀이 생길 수 있다는 이론이 제시되었습니다.

원래 대형강입자충돌기 실험은 힉스입자를 찾아내

프랑스와 스위스의 국경지대에 걸쳐 있는
대형강입자충돌기를 이용해 원자단위
블랙홀의 탄생 과정을 연구했다.

기 위해 수행한 것이지만, 부수적으로 블랙홀이 생성

될 수도 있다는 연구가 나왔죠. 그런 연구 논문들에

따라 실제로 블랙홀이 생성되는지를 보자는 흐름으로

이어진 것입니다. 이론적으로 가능하기 때문이죠. 이 부분에 과학자들의 관심이 몰려 실험을 해봤는데 발견하지 못했습니다. 그런데 이게 어쩌다 언론에 이상하게 알려지면서 강입자충돌기 안에서 양성자가 충돌하면 미니 블랙홀이 생겨서 지구를 삼켜버릴지도 모른다는 식으로 이야기가 퍼졌습니다.

걱정하실 필요 없습니다. 블랙홀이 생겨도 너무 작아서 순식간에 봉합되어버립니다. 생성되자마자 10^{-21}초 정도에 붕괴되기 때문에 아무런 영향을 미치지 못합니다. 그렇기 때문에 실제로 생성되었어도 포착하기가 힘든 것이고요. 결국 원자단위의 미니 블랙홀은 있을 것이라고 생각은 하는데, 관측은 하지 못한 형편입니다.

상황이 이렇다 보니 흥미로운 일이 일어났습니다. 우주가 처음 생겨났을 때 이 원자단위의 블랙홀이 엄청 많았을 것이라는 가능성이 제기된 것이죠. 지금은 우주가 엄청나게 크지만, 과거로 거슬러 올라갈수록 점점 작아져서 결국 우주가 처음 탄생한 빅뱅이라는 순간에 이릅니다. 이때는 특이점입니다. 블랙홀과 비

숫하죠. 이렇게 태초의 순간에 엄청나게 많은 미니 블
랙홀이 생겼으리라는 가능성이 이론적으로 제시되었
습니다.

이런 것들을 원시블랙홀primordial black hole이라고 합
니다. 이것을 발견하려고 노력하는 사람들이 있는데
아직 발견하지 못했죠. 항성질량 블랙홀은 간접적인
증거로마나 발견했고, 구상성단 크기의 블랙홀 역시
아직 발견하지 못했습니다.

초거대질량 블랙홀 M87

블랙홀을 관측하려는 노력이 이어지는 가운데 퀘이
사Quasar라고 하는 천체가 발견되었습니다. 처음에는
그 정체를 제대로 파악하지 못했습니다. 그래서 준항
성체Quasi-stellar Object라고 불렀습니다. 별처럼 생겼는데
별은 아닌 천체라는 의미죠. 퀘이사는 멀리 있는 은하
에서 발견되었습니다. 퀘이사와 은하가 따로 발견되었

는데, 알고 보니까 퀘이사는 은하의 중심 부분에 있는 천체였습니다.

연구를 더 진행해보니 퀘이사가 블랙홀이라는 것이 밝혀졌습니다. 앞에서 말씀드렸다시피 블랙홀의 크기는 원래 별이었을 때의 크기 및 질량과 비례합니다. 따라서 은하가 클수록 중심 부분에 있는 블랙홀인 퀘이사 역시 큽니다. 나선은하 중에서도 꽤 큰 축에 드는 우리은하의 중심에도 거대 블랙홀이 있을 것이라 생각하게 되었고 관측을 시작했습니다.

은하 중심부의 블랙홀을 어떻게 관측할까요? 별을 관측할 때와 거의 비슷한 생각들을 했습니다. 초거대질량 블랙홀은 질량이 어마어마하게 클 것입니다. 따라서 거기서 나오는 어떤 정보도 받을 수 없죠. 사건의 지평선 속에 그 어마어마한 질량이 들어 있기 때문에 그 경계까지는 알 수 있지만, 그 안은 알 수가 없습니다. 대신 다른 블랙홀보다 훨씬 큰 초거대질량 블랙홀이기 때문에 보통의 별 근처에서 생기는 것보다 훨씬 더 격렬한 운동이 일어날 겁니다.

과학자들은 이 운동을 관측하기로 했습니다. 초거대질량 블랙홀이 있는 곳은 곡률이 무한대에 가깝습니다. 엄청나게 파여 있는 것이죠. 그리고 은하의 중심 부분이니까 그 근방에는 별, 가스, 먼지 등도 많을 겁니다. 결국 이 블랙홀은 외따로 떨어져 있는 블랙홀이 아니라 주변에 수많은 물질이 끌려 들어가고 떨어지는 상황이 벌어집니다.

우리은하의 별들은 은하 전체 질량의 곡률에 따라서 공전을 합니다. 은하 중심의 블랙홀 근처는 국부적으로 곡률이 어마어마하게 클 겁니다. 거의 무한대에 가깝겠죠. 그러면 이 주변에 가까이 있는 천체일수록 블랙홀의 영향을 받아서 굉장히 특이한 속도로 움직일 겁니다. 여기서 '특이한 속도'라는 것은 '빠른 속도'를 의미합니다.

우리은하 중심 부분의 블랙홀로부터 멀리 떨어져 있는 별들은 은하 전체의 중력에 영향을 받습니다. 따라서 은하 주변을 회전하는 속도가 예를 들어 1초에 250킬로미터라면, 그것보다 더 빠르면 궤도에서 벗어나버리고, 더 느리면 안으로 굴러떨어지죠. 마찬가지로 블랙홀 주변은 속도가 느린 천체는 다 굴러떨어지고, 속도가 엄청나게 빠른 천체만 살아남아서 돌고 있을 겁니다. 따라서 이런 천체를 발견하고, 이 속도까지 잡고 있을 정도면 블랙홀의 질량이 어느 정도일 것이라고 짐작할 수 있는 것이죠.

실제로 관측한 결과 1초에 1000킬로미터, 2000킬로미터씩 이동하는 천체가 있다는 것이 밝혀졌습니다. 그렇다면 이런 속도를 감당할 수 있을 정도로 작고 무거운 어떤 물체가 중심에 있어야 하죠. 이 물체는 여러 가지가 있을 수 있습니다. 빛을 내지 않는 목성 같은 것을 수없이 모아놓을 수도 있습니다. 그런데 이런 것들은 모여 있으면 질량이 불안정해집니다. 따라서 작은 크기에 엄청난 질량이 들어가 있는 것은 블랙홀밖에 없다는 결론에 이르렀죠. 이렇게 은하 중심에서 발견된 블랙홀을 초거대질량 블랙홀이라고 합니다.

M87이라고 하는, 처녀자리 은하단 가운데에 있는 아주 유명한 타원은하가 있습니다. 우리은하보다 더

크죠. 이 은하의 중심 부분에 있는 초거대질량 블랙홀을 전 세계의 전파망원경으로 촬영한 영상이 굉장히 유명합니다. 도넛처럼 생겼죠.

이런 블랙홀이 우리은하 바깥에서는 많이 발견되었습니다. 퀘이사, 즉 은하 중심 부분에 있는 블랙홀 주변에서 빠져나오는 빛을 측정함으로써 블랙홀의 질량을 측정해보았습니다. 그 결과 블랙홀의 질량은 그 은하가 가지고 있는 별의 질량과 비례한다는 것을 발견했습니다. M87이라는 타원은하가 우리은하보다 크기 때문에 그 중심부에 있는 초거대질량 블랙홀은 우리은하의 초거대질량 블랙홀보다 당연히 큽니다. 이 비례관계는 아주 정확합니다. 그리고 이 관계가 항성질량 블랙홀까지도 쭉 이어집니다. 이런 비례관계의 선 안에 구상성단 크기의 블랙홀도 놓여 있는지, 원자단위의 블랙홀도 놓여 있는지를 알아보는 데 과학자들이 혈안이 되었죠.

과학자들은 중력파 관측을 통해서 태양 질량의 30배짜리 블랙홀과 20배짜리 블랙홀이 만나 50배짜

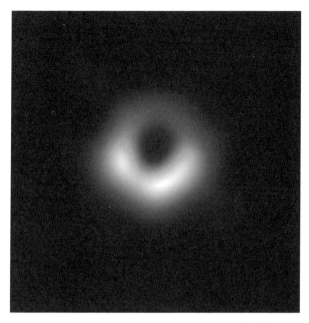

처녀자리은하단의 타원은하 M87
중심부의 초거대질량 블랙홀

리 블랙홀이 탄생하는 과정을 목격했습니다. 중간질량 블랙홀Intermediate-mass black hole이 생기는 과정을 목격한 것이죠. 여기에 더해 M87을 통해서 초거대질량블랙홀을 알아냈습니다.

우리은하 중심의 블랙홀을 관측하다

이제 마지막으로 2020년 노벨 물리학상 수상자인 겐첼과 게즈의 연구 업적을 짚어보겠습니다. 이들은 우리은하 안에 있는 초거대질량 블랙홀을 관측했습니다. 많은 학자들이 그 존재는 예측했지만, 관측은 못했죠. 이들 수상자는 10년 넘게 이 초거대질량 블랙홀 주변에 있는 별들의 속도를 쟀습니다. 여기서 중요한 것은 블랙홀과 최대한 가까이 있는 것을 측정해야 블랙홀의 크기를 특정할 수 있다는 겁니다.

이들은 점점 더 가까운 천체를 찾아 측정한 끝에 약 16~17년 주기로 도는 SO-2라는 별을 발견했습니다. 이 별은 혜성과 마찬가지로, 블랙홀에 가까이 갔을 때 더 빠른 속도로 돌았습니다. 그 속도가 1초에 7000킬로미터까지 나왔습니다. 이제 이 정도 속도로 돌려면 블랙홀의 크기가 얼마나 되어야 하는지 거꾸로 계산을 해봤습니다. 그 결과 블랙홀의 크기가 우리 태양계만 하다는 결론을 얻었습니다. 그 안에 태양

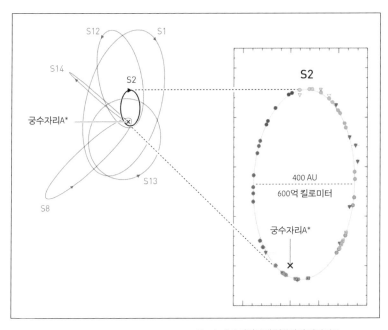

S12 S1

S14

S2

궁수자리A*

S13

S8

S2

400 AU
600억 킬로미터

궁수자리A*
×

SO-2는 궁수자리A*에 접근하면 빨라지고
멀어지면 느려진다. 궁수자리A*에 가장
근접했을 때(2002년과 2018년) SO-2는 초속
7000킬로미터의 속도를 기록했다.

이 400만 개는 들어갈 수 있는 크기죠. 그럼 반대로,
태양 크기에 태양의 400만 배 정도 되는 질량을 가지
는 것은 결국 초거대질량 블랙홀일 수밖에 없다는 것

이 이들의 결론입니다. 이렇게 해서 블랙홀에 대한 확고한 관측적 증거를 얻게 되었고, 2020년 노벨 물리학상을 받게 된 겁니다.

이것으로 블랙홀에 대한 이론적 기반을 마련한 로저 펜로즈의 작업과 우리은하 중심부의 초거대질량 블랙홀을 관측하는 데 성공한 라인하르트 겐첼과 앤드리아 게즈의 연구에 대한 이야기를 마치겠습니다. 조금이나마 2020년 노벨 물리학상의 영예가 어떤 연구에 돌아갔는지 이해할 수 있는 계기가 되었기를 바랍니다.

해설 이명현

과학책방 '갈다'의 대표와 과학저술가를 겸하며 활발하게 활동 중인 천문학자이다. 연세대학교 천문기상학과를 거쳐 네덜란드 흐로닝언대학교에서 전파천문학으로 박사학위를 받았다. 저서로는 『이명현의 별 헤는 밤』 『이명현의 과학책방』 『과학하고 앉아 있네』(공저) 등이 있다.

2020
노벨 화학상

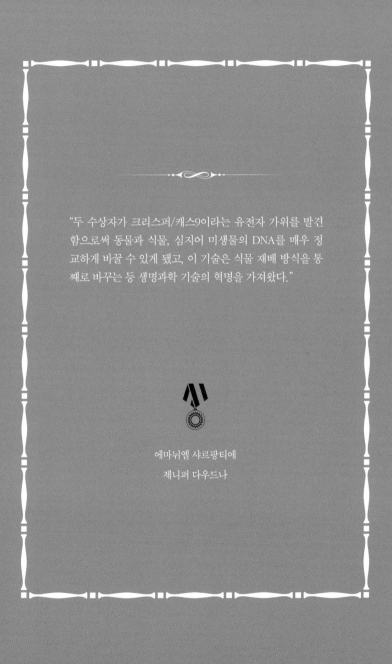

"두 수상자가 크리스퍼/캐스9이라는 유전자 가위를 발견함으로써 동물과 식물, 심지어 미생물의 DNA를 매우 정교하게 바꿀 수 있게 됐고, 이 기술은 식물 재배 방식을 통째로 바꾸는 등 생명과학 기술의 혁명을 가져왔다."

에마뉘엘 샤르팡티에
제니퍼 다우드나

2020 노벨 화학상

스웨덴 왕립과학한림원은 "게놈(유전체) 편집 기술을 개발"한 공로로
에마뉘엘 샤르팡티에(프랑스, 막스플랑크연구소)와
제니퍼 다우드나(미국, 캘리포니아주립대학교)에게
2020년 노벨 화학상을 수여하기로 했습니다.

에마뉘엘 샤르팡티에와 제니퍼 다우드나는 유전자 기술의 가장 날카로운 도구 중 하나인 크리스퍼/캐스9CRISPR/Cas9 유전자 가위를 개발했습니다. 이 기술을 이용함으로써 연구자들은 동물, 식물 및 미생물의 DNA를 매우 정밀하게 변형할 수 있게 되었습니다. 이 기술은 생명과학에 혁명적인 영향을 미쳤으며, 새로운 암 치료법에도 기여하고 있을 뿐만 아니라 유전적 질환을 치료하는 꿈을 실현하도록 도와줄 수 있습니다.

생명체가 어떻게 작동하는지를 알아내려면 세포의 유전자를 수정해야 합니다. 지금까지 이런 방법은 시간이 많이 소요되고 어려우며 종종 실행 불가능한 작업이었습니다. 이제 크리스퍼/캐스9 유전자 가위 덕에 몇 주 만에 유전자를 변형하는 일이 가능해졌습니다.

세균은 바이러스의 공격을 받으면 자신의 유전정보에 자신을 공격한 바이러스의 염기서열 정보를 일부 저장함으로써 그 바이러스를 기억합니다. 이렇게 외부 바이러스 등의 정보를 저장한 부분이 크리스퍼입니다. 그리고 캐스9은 크리스퍼 서열을 이용해 실제로 DNA를 절단하는 효소입니다. 이러한 크리스퍼/캐스9의 가장 큰 장점은 DNA에서 원하는 부위를 정확하게 잘라낼 수 있다는 것입니다.

노벨 화학위원회의 의장인 클라에스 구스타프손Claes Gustafsson은 다음과 같이 말했습니다.

"이 유전학적 도구에는 우리 모두에게 영향을 미치는 엄청난 힘이 있습니다. 이는 기초과학에 혁명을 가져왔을 뿐만 아니라 혁신적인 작물을 탄생시켰으며, 획기적이고도 새로운 의학 치료로 이어질 것입니다."

과학에서는 종종 우연이 놀라운 발견으로 이어지기도 합니다. 크리스퍼/캐스9 역시 마찬가지입니다. 이 유전자 가위는 예상하지 못한 곳에서 발견되었습니다. 에마뉘엘 샤르팡티에가 인류에 가장 큰 해악을 끼치는 박테리아 중 하나인 스트렙토코쿠스 파이오진Streptococcus pyogenes(화농성연쇄상구균)를 연구하던 도중, 이전에는 알려지지 않은 분자인 트레이서 RNA(tracrRNA)를 발견했습니다. 그녀의 연구에 따르면 트레이서 RNA는 박테리아의 오래된 면역 체계인 크리스퍼/캐스의 일부로, 바이러스 DNA를 절단하여 바이러스를 제거할 수 있습니다.

샤르팡티에는 2011년 자신의 발견을 발표했고, 같은 해에 RNA에 대한 방대한 지식과 풍부한 경험을 가진 캘리포니아주립대학교의 생화학자 제니퍼 다우드나와 공동 작업을 시작했습니다. 이들은 시험관에서 박테리아의 유전자 가위를 재현하고, 가위의 분자 구성 요소를 단순화하여 사용하기 쉽게 만드는 데 함께 성공했습니다.

이 획기적인 실험을 통해 이들은 유전자 가위를 다시 프로그래밍했습니다. 자연적인 형태로서는 가위가 바이러스의 DNA를 인식하지만, 샤르팡티에와 다우드나는 가위를 통제함으로써 사전에 결정한 어떠한 부위의 DNA 분자라도 자를 수 있다는 것을 증명해냈습니다. DNA가 잘린 곳에서는 생명의 암호code of life를 쉽게 다시 작성할 수 있습니다.

샤르팡티에와 다우드나가 크리스퍼/캐스9 유전자 가위를 발견한 2012년 이후 그 사용량은 폭발적으로 증가했습니다. 이 도구는 기초과학 연구의 중대한 발견에 수없이 이바지했으며, 이 도구 덕에 식물 연구자들은 곰팡이, 해충, 가뭄 등을 견디는 새로운 작물을 개발할 수 있었습니다. 의약 분야에서는 새로운 암 치료법에 관한 임상실험이 진행되고 있으며, 유전병을 치료할 수 있으리라는 꿈 또한 곧 이루어질 것입니다. 이 유전자 가위는 생명과학을 새로운 시대로 이끌었으며, 여러 면에서 인류에게 가장 큰 혜택을 가져다주고 있습니다.

에마뉘엘 샤르팡티에 Emmanuelle Charpentier

1968년 프랑스 쥐비시-쉬르-오르주 출생. 1995년 프랑스 파리 파스퇴르연구소에서 박사학위를 받았다. 독일 베를린에 있는 막스플랑크 감염생물학연구소 소장이다.

제니퍼 다우드나 Jennifer A. Doudna

1964년 워싱턴D.C. 출생. 1989년 미국 하버드대학교 의과대학에서 박사학위를 받았다. 현재 미국 버클리 캘리포니아주립대학교 교수이자 하워드휴즈의학연구소 연구원이다.

생명의 암호를 다시 쓰는
유전자 가위의 개발

안녕하세요. 연세대학교 생화학과 교수 송기원입니다.

2020년 노벨 화학상의 영광은 두 명의 연구자에게 돌아갔습니다. 독일 막스플랑크연구소의 에마뉘엘 샤르팡티에 교수와 미국 버클리 캘리포니아대학교의 제니퍼 다우드나 교수가 그 주인공입니다.

샤르팡티에와 다우드나는 유전체에 적용할 수 있는 유전자 가위인 크리스퍼/캐스9을 발견했습니다. 이를 이용하면 미생물, 식물, 동물, 심지어 인간의 DNA

도 바꿀 수 있습니다. 노벨위원회는 이들의 업적이 "식물 재배 방식을 통째로 바꾸는 등 생명과학 기술의 혁명을 불러왔다"고 수상자 선정 이유에서 밝혔습니다. 오늘은 이 두 연구자와 이들이 발견한 유전체 교정 및 편집 기술에 대한 이야기를 나눠보겠습니다.

DNA와 RNA의 구조

에마뉘엘 샤르팡티에와 제니퍼 다우드나가 노벨 화학상을 받게 된 주요 업적은 유전체를 편집할 수 있는 기능을 가진 가위, 크리스퍼/캐스9이라는 유전자 가위를 발견한 것입니다. 아마도 오늘 제가 강의에서 입에 담을 모든 단어가 대부분의 사람에게 낯설 수 있습니다. 물론 생물학에 조금 관심이 있다면 RNA 정도는 이해할 수 있겠죠. 그래서 오늘은 이 각각의 단어가 어떤 의미인지부터 풀어가면서 이야기를 시작하겠습니다.

여담이지만, 유전자 가위라고 하니까 몸 안에 초소형 가위를 집어넣는 것이냐고 묻는 분들도 있었습니다. 사실 '가위'라는 단어는 비유적인 표현입니다. '크리스퍼/캐스9 유전자 가위'라는 것은 DNA로 이루어진 유전체에서 원하는 부분을 인식하는 크리스퍼라는 유전자와 직접적으로 DNA를 자르는 캐스9이라는 가위 역할을 하는 단백질을 한데 이르는 말입니다.

유전체는 한 생명체가 가지고 있는 유전정보 전체를 이르는 용어입니다. 크리스퍼 유전자에서 발현된 RNA는 캐스9이라는 단백질이 유전체 내에서 잘라야 할 위치를 알려줍니다. 이렇게 유전체 가위 기술로 작용하는 데 필요한 두 가지 기능을 묶어 유전체를 교정, 편집하는 크리스퍼/캐스9 유전자 가위라고 이야기하는 것입니다.

암호처럼 들리는 이 이야기를 하나씩 풀기에 앞서 아주 기본적인 단어 몇 가지만 먼저 이해하고 넘어가겠습니다. 아무리 생물학에 관심이 없는 사람이라 해도 DNA라는 단어는 들어보았을 것입니다. DNA는 디

DNA의 구조

DNA는 아데닌, 티민, 사이토신, 구아닌
이라는 4종류의 염기를 갖는 뉴클레오
타이드가 연결되어 이루어진 중합체로
이중나선 구조를 형성하고 있다.

옥시리보핵산deoxyribonucleic acid이라는 굉장히 어려운 화학명의 앞글자를 딴 이름입니다. 대부분의 사람이 DNA가 생명의 정보라는 것쯤은 알고 있을 것이라 생각합니다.

DNA는 뉴클레오타이드nucleotide 중합체 두 가닥이 꼬인 형태로 되어 있습니다. 이런 구조를 이중나선구조라고 하죠. DNA는 아데닌adenine(A), 티민thymine(T), 사이토신cytosine(C), 구아닌guanine(G)이라는 염기를 가지고 있습니다. 이런 염기를 갖고 있는 뉴클레오타이드 단위가 무작위적으로 배열되어 있는 것이 DNA죠.

DNA의 염기 중 아데닌은 반드시 티민과 짝을 이루고, 사이토신은 반드시 구아닌과 짝을 이룹니다. DNA의 상징인 이중나선구조가 생기는 이유도 여기에 있습니다. 두 가닥의 뉴클레오타이드 중합체 중간에 위치하는 염기들이 각각 짝을 이루기 때문입니다. 이 염기 서열이 바로 생명의 정보인 셈입니다.

DNA와 굉장히 유사한 핵산이 또 있습니다. 바로 RNA, 리보핵산Ribonucleic acid입니다. RNA도 DNA와

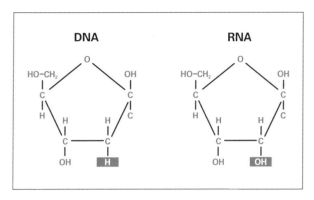

DNA와 RNA는 구성 성분의 구조와 염기도
비슷하지만 결정적으로 산소 원자의 유무
가 큰 차이다.

마찬가지로 염기를 포함하는 뉴클레오타이드 단위가
계속 연결되어 만들어집니다. 다만 RNA의 뉴클레오
타이드에는 DNA의 뉴클레오타이드와 달리 산소 원
자가 하나 더 있습니다. DNA에는 산소가 하나 없기
때문에 'deoxy'라는 이름이 붙은 거죠. 'de'는 '없다'
는 뜻이고 'oxy'는 산소죠. 반면에 RNA에는 산소 원
자가 하나 더 있습니다.

  또 RNA도 DNA와 비슷한 염기로 구성되어 있는데,

네 가지 염기 중 단 한 가지가 다릅니다. RNA에는 티민 대신 우라실uracil(U)이 들어 있습니다. 아데닌은 우라실과 짝을 이루고, 구아닌은 사이토신과 짝을 이룰 수 있습니다. DNA와 굉장히 유사한 형태입니다. 그런데 RNA는 DNA와 달리 구성 단위에 산소 원자가 하나 더 있다는 것 때문에 이중나선의 형태를 이루면 구조적으로 불안정해져서 일반적으로 한 줄의 기다란 핵산 중합체로 존재합니다. 하지만 부분적으로 염기가 짝을 이룰 수 있는 부분이 있으면 짝을 이룹니다. 한 줄 안에서 굽어져서 짝을 이루는 거죠. 그래서 굉장히 다양한 구조를 만들 수 있습니다. 구부러지고 움직여가면서 굉장히 안정된 구조를 이룹니다. 이와 같은 DNA와 RNA의 구조를 이해해야 다음 이야기를 할 수 있습니다.

DNA와 달리 RNA에는 구성 단위에 산소 원자가 하나 더 있어서 이중나선의 형태를 이루면 구조적으로 불안정해져 한 줄의 기다란 핵산 단위로 존재한다.

RNA의 구조

생명의 중심 원리

지난 수십 년 동안 이루어진 과학 연구의 결과 우리는 지구상의 모든 생명체가 DNA를 생명의 정보로 사용한다는 것을 알게 되었습니다. 이 DNA 안에 우리가 흔히 아는 유전자에 대한 정보가 있는 거죠. 그 긴 DNA 정보 안에 특정 부분이 유전자로 작용하는데 유전자로 작용하는 부분의 정보만, 즉 우리에게 필요한 유전정보만 읽어서 사용할 수 있습니다. 이것을 읽어낼 때는 RNA의 형태로 읽어냅니다. DNA와 RNA의 염기가 짝을 이루니까 짝에 맞춰서 정보를 만들어낼 수 있기 때문이죠.

그다음에는 RNA 형태로 읽어낸 것을 바탕으로 그 염기서열에 따라서 단백질을 만들어냅니다. 실제로 생명체에서 다양한 기능을 수행하는 것은 단백질입니다. DNA는 정보로 작용하고, 그 중간을 매개하는 것이 RNA죠. 이런 RNA를 전령messenger RNA(mRNA)라고 합니다. 이것이 지구상에 있는 모든 생명체가 생명을 유지하는 기본 원리입니다. 생물학에서는 중심 원리라는 의미에서 센트럴도그마Central Dogma라고도 합니다.

지난 수십 년 사이 DNA에 존재하는 유전자 중에서 단백질을 만들지 않는 유전자들이 있다는 것을 알게 되었습니다. 유전자인데 단백질을 만들지 않고 RNA 형태로 읽어낸 다음 RNA가 기능을 하는 경우를 발견한 것입니다. 이렇게 단백질을 만들지 않고 스스로 기능하는 RNA를 '단백질에 대한 부호를 제공하지 않는다'는 의미에서 비부호non-coding RNA라고 합니다. 지금 이야기할 2020년 노벨 화학상의 주제인 크리스퍼 유전자도 이런 비부호 RNA를 만드는 유전자 중 하나입니다.

한 개체가 가지고 있는 유전정보 전체를 유전체라고 합니다. 유전체는 모두 DNA로 이루어져 있습니다. DNA는 염색체를 구성합니다. 세포의 핵 안에 염색체의 형태로 DNA가 마치 털실 뭉치처럼 뭉쳐서 존재합니다. 이렇게 뭉친 정보 전체, 즉 염색체 전체를 유전체라고 하는 겁니다. 그중에서 기능에 대한 정보, 즉 단백질이나 비부호 RNA에 대한 정보를 제공하는 부분을 특별히 특정한 유전자라고 이야기합니다.

이 정도로 간단한 기본 지식을 이야기했습니다. 지금부터 2020년 노벨 화학상의 주제인 크리스퍼/캐스9 유전자 가위에 대한 이야기를 하나씩 해보겠습니다.

생물학을 바꾼 크리스퍼와 캐스의 발견

크리스퍼라는 유전자는 사실 꽤 오래전에 발견되었습니다. 1987년에 일본의 요시즈미 이시노石野良純 (1959~)라는 과학자가 대장균의 유전체를 연구하는 과정에서 발견했죠. 요시즈미는 이 유전자의 생김새가 너무나 특이해서 곧바로 학계에 보고했습니다. 유전자는 원래 염기서열이 무작위적으로 배열되어 있어야 하는데, 이 부분에는 특정한 길이의 동일한 염기서열이 일정하게 반복되고, 그 사이에 다른 염기서열이 끼어 있더라는 겁니다.

이처럼 유전자가 굉장히 이상한 구조를 갖고 있다고 해서 이 내용을 보고했습니다. 그때는 크리스퍼라는 이름도 없었죠. 그냥 이상하게 생긴 유전자로 보이는 부분이 있다는 정도였습니다. 요시즈미는 이것을 대장균Escherichia Coli에서 발견하고 보고했는데, 이 녀석이 대장균에만 있는 것은 아니었습니다.

1993년 고세균Archaea에도 똑같이 이렇게 이상하게 생긴 염기서열이 계속 존재한다는 것을 알게 되었습니다. 이후 1990년대 후반부터 염기서열을 읽어내는 기술이 급격히 발전하고, 그 결과 아주 저렴한 비용으로 DNA의 염기서열을 읽어낼 수 있게 되었죠. 이때부터 많은 생명체의 유전정보를 읽기 시작했는데, 그럴수록 많은 세균에서 이 이상하게 생긴 유전자, 일정한 염기서열이 계속 반복되고, 그 안에 다른 염기서열이 있는 것 같은 구조를 갖는 유전자들이 있음이 밝혀졌습니다.

과학자들은 그것을 크리스퍼CRISPR라고 부르기로 했습니다. 이 이름도 굉장히 긴 영어 단어의 첫 글자

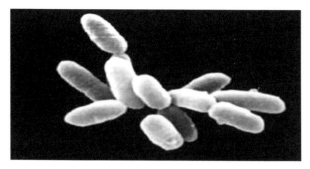

고세균에서도 일정한 염기서열이 반복되는
이상한 구조의 유전자가 발견되었다.

들을 따서 붙인 겁니다. 원래 이름은 clustered regularly
interspaced short palindromic repeats입니다. 대략
일정한 간격을 두고 짧은 염기서열이 계속 반복되는
데, 이 염기서열이 그냥 염기서열이 아니라 그 안에 서
로 짝을 맞추어 결합하여 회문구조를 형성할 수 있는
염기서열이 들어 있는 특이한 구조를 갖는 유전자라
는 의미입니다.

　이 크리스퍼는 여러 세균에서 발견됐는데, 재미있게
도 크리스퍼 앞에 항상 같이 따라다니는 유전자가 있

었습니다. 그 유전자를 캐스Cas라고 부르기로 했습니다. 캐스는 CRISPR-associated의 약자입니다. 크리스퍼와 함께 다닌다는 뜻이죠. 캐스 유전자들은 DNA를 절단하는 단백질에 대한 유전자들과 비슷하거나 DNA의 이중나선 가닥을 푸는 단백질의 유전자와 유사한 염기서열을 가지고 있어서 그런 기능을 수행하는 단백질에 대한 유전자로 예측되는 유전자들입니다. 이런 유전자들이 한꺼번에 발견되었습니다.

자, 그렇다면 크리스퍼와 캐스는 도대체 무슨 기능을 할까요? 많은 미생물학자가 이런 의문을 품고 연구를 시작했습니다. 그 과정에서 재미있는 사실이 드러났습니다. 일정한 간격을 두고 되풀이되는 염기서열 사이에 끼어 있는 염기서열 중 많은 것이 세균을 침범하는 세균 바이러스의 일부 염기서열과 굉장히 유사하다는 사실이 알려지기 시작한 것입니다.

연구자들은 '그러면 이 안에 외부에서 침입한 세균 바이러스의 염기서열이 끼어 있는 것은 아닐까?' 하고 생각했습니다. 이때 스페인의 과학자 프란치스코 모히카

Francisco Mojica(1963~)를 비롯한 학자들이 크리스퍼 유전자에 외부에서 침입하는 바이러스의 염기서열을 저장했다가 같은 바이러스가 또 침입했을 때 저장된 바이러스 정보를 이용해 바이러스가 활동을 하지 못하게 하는, 즉 바이러스에 대항하는 면역 기능이 있는 것이 아닌가 예측했습니다.

그런 예측들이 이어지던 중 2007년에 덴마크의 요구르트 회사 데니스코DANISCO의 한 연구원이 중요한 발견을 합니다. 요구르트 회사는 유산균을 직접 길러 제품을 생산합니다. 그래서 유산균 관리에 신경을 많이 쓰죠. 그래도 가끔 바이러스가 침입하기도 합니다. 원래 바이러스가 침입하면 유산균이 다 죽는데, 어느 날 안 죽고 견디는 유산균을 발견한 겁니다. 그런 유산균들은 침입한 바이러스와 똑같은 염기서열의 일부를 크리스퍼 유전자 안에 저장하고 있었습니다. 또 바이러스가 침입하면 이 유전자의 발현이 촉진된다는 것 역시 밝혀내게 됩니다. 이렇게 과거에 침입했던 바이러스를 기억했다가 다시 침입했을 때 대항할 수 있도록 하는 적응면역 기능이 크리스퍼에 있음이 밝혀졌습니다.

크리스퍼의 적응면역 기능

세균에도 고등생명체와 마찬가지로 적응면역이 있습니다. 한번 우리 몸에 들어와 이상을 일으킨 세균이 있다면, 우리 몸이 그것을 기억해 다시 침입했을 때 거기에 맞는 항체를 만들어내는 과정이 적응면역이죠. 그전까지는 세균에게도 이런 식의 적응면역 기능이 있을 거라고 생각하지 않았습니다. 그런데 이 크리스퍼가 미생물에서, 그러니까 세균에서 적응면역 반응을 담당한다는 것을 알게 되었죠. 이렇게 크리스퍼의 기능을 안 다음에는 무슨 과제가 남아 있을까요? 그 기전을 파악해야 합니다.

바이러스가 침입하면 그 바이러스의 유전정보 일부가 잘려 그 DNA 조각이 크리스퍼 유전자의 일정하게 반복되는 부분 사이에 저장됩니다. 바이러스는 세포에 침입할 때 전부 들어오는 게 아니라 자기의 유전정보만 집어넣습니다. 따라서 여러 종류의 바이러스가 침입하면 크리스퍼 유전자의 그 반복되는 염기서열 사이사이에 모두 다른 바이러스에 대한 정보가 저장되는 것이죠. 이런 상황에서, 똑같은 바이러스가 재차 침입하면 크리스퍼 안에 저장되어 있는 정보를 RNA로 발현시켜 그 바이러스와 일치하는 부분을 DNA를 절단하는 가위 기능을 하는 캐스가 잘라냅니다. 이렇게 외부에서 침입한 바이러스의 DNA를 잘라서 바이러스의 유전정보가 세포 안에서 증식하거나 활동하는 것을 억제한다고 충분히 예상할 수 있는 겁니다.

그렇다면 다음 질문은 크리스퍼에서 발현되는 RNA 형태의 유전자가 어떻게 침입한 바이러스의 유전정보를 잘라내는지가 될 것입니다. 이 기전을 알아내기 위해 여러 학자들이 연구를 시작했는데, 이때 2020년 노벨 화학상 수상자인 에마뉘엘 샤르팡티에의 연구가 등장합니다.

크리스퍼/캐스9의 작동 원리

프랑스 출신인 에마뉘엘 샤르팡티에는 현재 독일의 막스플랑크연구소 감염질환 부서의 책임자로 있습니다. 박사후과정 때부터 스트렙토코쿠스 파이오진 streptococcus pyogenes(화농성 연쇄상구균)이라는, 우리 몸에 여러 염증을 일으키는 병원성 미생물을 계속 연구해왔습니다.

샤르팡티에는 스트렙토코쿠스 파이오진이 우리 몸에서 어떻게 병을 일으키며, 어떻게 이것을 치료할 것인가를 연구했습니다. 그 과정에서 특별히 스트렙토코쿠스 파이오진의 비부호 RNA를 연구하던 중에 크리스퍼 유전자의 기능과 관련된 트레이서tracr RNA라는 것을 발견하게 됩니다. 즉 비부호 RNA 중에서 크리스퍼와 관련된 새로운 RNA를 발견한 겁니다. 크리스퍼 유전자 옆에는 캐스 유전자가 있고, 이 캐스 유전자 옆에 트레이서 RNA를 발현시키는 유전자가 존재하는 겁니다.

트레이서 RNA의 염기서열이 일부 크리스퍼 염기서열과 일치하고 바로 옆에 존재하니까 이것이 분명 크리스퍼의 작동 기전에 중요한 역할을 할 것이라 예상할 수 있었습니다. 이런 예상을 바탕으로 바이러스가 침입한 뒤 그 관련 유전정보가 크리스퍼 유전자 사이사이에 저장되면, 크리스퍼 유전자가 RNA 형태로 발현되었을 때 저장된 각 바이러스의 유전정보에 해당하는 부분의 RNA로 작게 잘라야 크리스퍼 RNA가 침입한 바이러스의 DNA에 가서 붙어 그 DNA를 절단할 수 있습니다. 이를 위해 크리스퍼 RNA를 조각조각으로 작게 잘라야 하는데, 이때 트레이서 RNA가 필요하다는 것을 샤르팡티에가 밝혀냈습니다.

바이러스가 침입하면 바이러스의 유전정보인 DNA가 세포 안으로 들어오게 되고, 그러면 크리스퍼 RNA가 발현됩니다. 이때 크리스퍼 RNA는 하나의 긴 RNA 형태로 발현되기 때문에 이것을 각각 저장돼 있는 다양한 바이러스의 정보에 맞춰서 반복되는 염기서열 유닛을 포함해서 잘게 자르는 과정이 필요합니다.

샤르팡티에 교수는 발현된 크리스퍼 RNA를 바이러스와 결합할 수 있는 상태로 자르는 데 트레이서 RNA가 굉장히 중요한 기능을 한다는 것을 발견했습니다. 발현된 크리스퍼 RNA를 자르는 것은 세포 안에 존재하는 RNA를 자르는 효소입니다. 이 효소는 크리스퍼 RNA를 자를 때 그냥 자르지 않습니다. 트레이서 RNA가 붙어 있을 때만 절단합니다. 아까 언급한 것처럼 크리스퍼 유전자 옆에 존재하는 캐스 유전자로부터 크리스퍼 RNA가 지정하는 DNA를 자르는 기능을 할 수 있는 캐스 단백질이 발현됩니다. 이 캐스 단백질이 발현된 크리스퍼 RNA에 결합하면 트레이서 RNA가 크리스퍼 RNA와 결합합니다. 이런 상태에서만 RNA를 자르는 효소가 나와서 크리스퍼 RNA를 각각의 바이러스 DNA와 결합할 수 있도록 조각조각 자르게 됩니다. 이 조각으로 잘린 크리스퍼 RNA가 돌아다니면서 유전정보가 같은 바이러스의 DNA를 찾아서 절단함으로써 적응면역이 가능하게 된다는 것입니다.

제니퍼 다우드나는 버클리 캘리포니아주립대학교

교수인데 원래는 구조생물학자였습니다. 주로 RNA가 촉매로 작용할 때 어떤 3차 구조를 갖추는지를 계속 연구해왔습니다. RNA 중에는 부호화하지 않은 비부호 RNA가 유전자의 발현을 조절하는데, 그런 RNA 간섭 현상을 연구하던 중 캐스 유전자에 존재하는 단백질, 캐스9을 비롯해 크리스퍼와 함께 다니는 캐스 유전자에 의해 암호화되는 단백질의 기능을 연구하기 시작했습니다.

다우드나와 샤르팡티에는 2011년 미국에서 열린 미생물학회에서 우연히 만나 카페에서 이야기를 나누다 크리스퍼 유전자의 작동 기전에 대한 공동 연구를 하기로 했습니다. 그 공동 연구의 결과가 2012년《사이언스Science》에 실렸습니다. 이 논문에서 그들은 크리스퍼/캐스9이 외부에서 침입한 DNA를 인식해서 절단하는 기전을 밝혔습니다. 또 크리스퍼/캐스9이 외부에서 침입한 바이러스의 DNA를 자를 뿐 아니라 크리스퍼 유전자 사이에 삽입하면 우리가 원하는 DNA 염기서열을 찾아가 자를 수 있다는 것을 보여주었죠. 그로써 크리스퍼/캐스9이 일반적으로 응용할 수 있는 유전자 가위인 것을 밝혀냈고, 이를 유전체에도 적용할 수 있을 것으로 예측했습니다.

크리스퍼/캐스9, 세계에서 가장 혁신적인 발견

크리스퍼/캐스9은 외부 바이러스의 유전정보 DNA를 찾아가 자르는, 일종의 세균이 갖고 있는 적응면역 시스템입니다. 2020년 노벨 화학상은 그 기전을 밝힌 두 연구자가 거머쥐었죠. 샤르팡티에와 다우드나는 공동 연구를 통해 크리스퍼라는 유전자 가위가 작동하려면 발현되어 있는 크리스퍼라는 유전자 RNA의 각 부분이, 그러니까 바이러스 유전자에 해당하는 부분들이 잘려야 하고, 캐스9과 복합체를 이루어야 하며, 여기에 트레이서 RNA가 반드시 필요하다는 것을 밝혀냈습니다.

조각조각 난 크리스퍼 RNA와 그 반복되는 부분에

스트렙토코쿠스의 바이러스에 대한 자연면역 체계: 크리스퍼/캐스9

바이러스가 박테리아를 감염시키면 유해한 DNA를 박테리아로 보낸다.

박테리아가 감염에서 살아남으면 마치 기억처럼 바이러스의 DNA 조각을 유전자에 삽입한다.

이 DNA는 새로운 감염으로부터 박테리아를 보호한다.

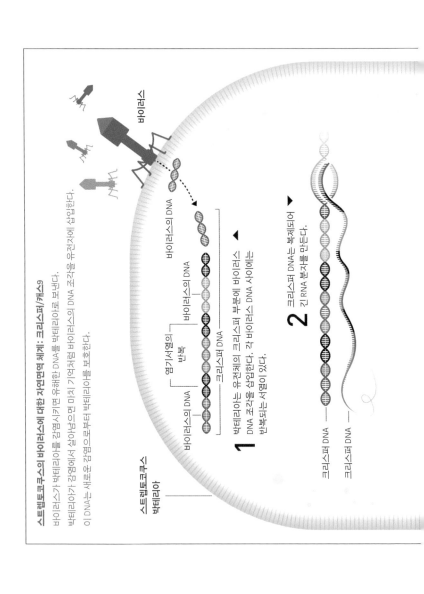

스트렙토코쿠스 박테리아

바이러스의 DNA

바이러스

1 박테리아는 유전체의 크리스퍼 부분에 바이러스 DNA 조각을 삽입한다. 각 바이러스 DNA 사이에는 반복되는 서열이 있다. ▲

바이러스의 DNA

바이러스의 DNA

염기서열의 반복

크리스퍼 DNA

바이러스의 DNA

2 크리스퍼 DNA는 복제되어 긴 RNA 분자를 만든다. ▶

크리스퍼 DNA

크리스퍼 DNA

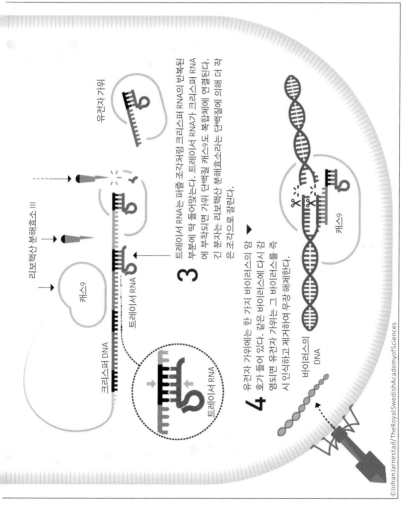

리보핵산 분해효소 Ⅲ

캐스9

크리스퍼 DNA

트레이서 RNA

트레이서 RNA

3 트레이서 RNA는 퍼즐 조각처럼 크리스퍼 RNA의 반복된 부분에 딱 들어맞는다. 트레이서 RNA가 크리스퍼 RNA에 부착되면 가위 단백질 캐스9도 복합체에 연결된다. 긴 분자는 리보핵산 분해효소라는 단백질에 의해 더 작은 조각으로 잘린다.

유전자 가위

4 유전자 가위에는 한 가지 바이러스의 암 호가 들어 있다. 같은 바이러스에 다시 감염되면 유전자 가위는 그 바이러스를 즉 시 인식하고 제거하여 무장해제한다. ▶

바이러스의 DNA

캐스9

트레이서 RNA가 결합하고, 이 결합한 부분 전체가 캐스9 단백질에 붙어 있는 형태로 되어야 외부에서 들어온 바이러스 정보에 해당하는 DNA 염기서열을 찾아가 자를 수 있다는 것이죠. 더 놀라운 것은 이 트레이서 RNA의 유전자를 따로따로 발현시키면 복잡하니까 이걸 단순화해서 하나의 긴 RNA(싱글가이드Single Guide RNA)로 발현되게끔 인위적으로 만들어도 이 가위가 제대로 작동한다는 것입니다.

더 재미있는 사실은 그 바이러스의 21개 염기서열이 크리스퍼에 저장되어 있다가 잘리는데, 이때 이 21개의 바이러스 염기서열 대신 우리가 자르고자 하는 임의의 염기서열을 그 안에 집어넣어서 발현시켜도 마찬가지로 아무 문제 없이 우리가 넣어준 부분의 염기서열에 해당하는 DNA를 찾아가서 자를 수 있다는 것을 알게 됩니다.

이 유전자 가위는 원하는 정보만 지정해주면 그 부분을 찾아가서 자르는 DNA 가위로 사용할 수 있습니다. 그래서 샤르팡티에와 다우드나는 이것이 일반적인

유전체에도 적용할 수 있는 아주 훌륭한 유전자 가위로 작동할 수 있을 것이고, 따라서 여러 시스템에서 응용될 것이라고 예측했습니다.

결국 이들의 예측대로 되었습니다. 크리스퍼 유전자 안의 해당하는 부분에 원하는 염기서열을 넣어주고 캐스9을 같이 발현시키면, 이것들이 발현되어 지정한 DNA 염기서열을 자르는 무척 간단한 시스템이기 때문이죠. 그래서 굉장히 빠른 속도로 거의 모든 생물체에 이 방식이 적용되기 시작했고, 결과들이 봇물 터지듯 보고되기 시작했습니다. 이런 결과로 크리스퍼는 2013년과 2015년 세계에서 가장 혁신적인 발견 10가지 중 첫째로 계속 꼽히고, 이른바 DNA 혁명을 불러오게 됩니다.

유전병을 치료하는 유전자 가위

과거에도 유전자 가위는 있었습니다. 그 얘기를 하

기 전에 잠시 우리 몸 이야기를 해보겠습니다. 유전체 정보는 우리 몸 안에 염색체라는 형태로 들어 있습니다. 모든 세포는 염색체를 가지고 있죠. 이 염색체를 풀면 긴 DNA 한 줄입니다. 즉 이중나선의 한 줄이라는 말이죠.

인간 유전체 전체의 염기서열 정보는 약 30억 쌍입니다. 30억 쌍이라는 이 양은 쉽게 말해서 아데닌, 티민, 구아닌, 사이토신의 약자인 'ATGC'를 쓴 A4 크기의 종이를 90미터 정도 쌓는 양입니다. 엄청나게 많은 양의 정보인 것이죠.

예전에도 유전자 가위가 있었습니다. 그런데 그 가위들은 DNA는 자를 수 있는데 유전체에 적용하기는 어려웠죠. 그러면 우리는 왜 유전체에 적용하는 가위를 갖고 싶어 했을까요?

인간이 앓는 병 중에는 '유전병'이라고 하는 것들이 있습니다. 유전병은 특정 유전자의 유전정보 중 어느 부분에 변이가 발생해 생깁니다. 유전정보가 조금 이상해지면 이 정보로부터 만들어지는 단백질이 제대로 기능을 하지 못하는데, 거기서 여러 질병이 발생하는 거죠.

유전자의 유전정보에 이상이 생겨서 발생하는 질병을 유전병이라고 합니다. 인간에게는 23개의 염색체가 있는데, 각각의 염색체 변이에 따라 어떤 것은 큰 영향을 미치지 않고 어떤 것은 굉장히 심각한 유전병을 일으킵니다.

인간에게는 700여 종류의 유전병이 존재한다고 알려져 있습니다. 유전자를 분리하는 기술, 즉 염색체로부터 특정한 유전자를 분리해내는 유전자 재조합 기술은 1970년대부터 굉장히 발전해왔습니다. 유전자를 분리해 원하는 세포에 집어넣으면서 유전자변형생물 Genetically Modified Organism(GMO)도 만들었죠. 이렇게 유전자를 조작할 수 있는 기술을 갖게 되자 인류는 유전병을 극복해보려는 욕심을 품기 시작했습니다. 유전병을 치료하려면 유전체, 하나의 유전자가 아니라 전체 유전체에 적용할 수 있는 가위가 필요합니다.

크리스퍼 이전에도 유전자 가위는 있었습니다. 유

전자 가위는 사실 DNA를 이용하는 기술의 핵심이라고 할 수 있습니다. 유전공학의 발전이라는 것은 사실 DNA를 자르는 가위의 발전을 의미합니다. 유전자를 자를 수 있어야 그 안에 다른 것을 집어넣든 붙이든 할 수 있기 때문이죠.

아까 말씀드렸다시피 DNA는 엄청나게 긴 줄입니다. 원하는 부분을 자를 수 있어야 고치거나 원하지 않는 부분을 잘라서 없애거나 바꿀 수 있죠. 자를 수 없으면 아무것도 할 수 없습니다. 처음에 발견된 유전자 가위는 제한효소라는 가위였습니다. 다양한 세균에서 발견된 다양한 제한효소 가위, 염기서열 4~6개 정도를 자를 수 있는 다양한 가위였죠. 이 제한효소 덕분에 인류는 유전자 재조합 기술을 얻었습니다.

이렇게 확보한 유전자 재조합 기술을 이용해 전체 유전체 중에서 원하는 유전자 부분만을 잘라내 다른 곳에 집어넣는 식의 작업을 할 수 있게 되었습니다. 그런데 이 제한효소는 물론 좋은 DNA 가위이기는 했지만, 유전체에 적용할 수는 없었습니다. 제한효소는

4~6개 정도의 염기서열만 인식할 수 있는데, DNA는 아데닌, 티민, 구아닌, 사이토신이 무작위로 배열되어 있어서 상이한 염기서열이 계속 나올 수밖에 없기 때문입니다.

우리 몸의 염기서열은 30억 쌍이고, 6개씩 일치하는 부분은 수학적으로 70만 번이 넘죠. 그러면 유전체를 조작하려고 이 제한효소를 써도 유전체가 조각조각 잘리고, 오히려 안 하느니만 못한 상황이 벌어집니다. 제한효소는 특정한 유전자를 잘라내는 데는 유용하지만, 유전체에는 적용할 수 없었습니다. 그래서 유전체에 적용할 수 있는 가위를 찾으려고 많은 학자들이 연구에 매진했죠.

이런 연구 과정에서 징크핑거Zinc finger라는, 인위적으로 DNA를 자를 수 있는 효소를 개발하기도 했고, 크리스퍼를 발견하기 바로 전에는 탈렌Transcription activator-like effector nuclease(TALEN)이라는 상당히 좋은 가위도 발견했습니다. 탈렌이라는 가위는 자르고자 하는 염기서열마다 다시 전체 효소를 디자인해서 만들어야 했습니다. 그래서 굉장히 비효율적이었죠.

이렇게 한계가 분명한 가위들에 이어서 크리스퍼가 발견된 것입니다. 크리스퍼는 21개 염기의 배열을 인식합니다. 인간의 30억 염기쌍 안에서 21개의 똑같은 염기서열이 나올 확률은 이론적으로 없습니다. 4^{21}이기 때문입니다. 따라서 이론적으로는 똑같은 염기서열을 다시 자를 위험이 없습니다.

크리스퍼라는 가위는 굉장히 간단합니다. 자르고자 하는 부분의 염기서열만 크리스퍼 유전자에 끼워넣고, 이것을 캐스9이라는 유전자와 같이 발현시키면 이 녀석들이 세포 안에서 발현되어 크리스퍼에 끼워 넣었던 염기서열과 일치하는 염기서열을 찾아가서 절단합니다. 크리스퍼/캐스9은 굉장히 유용하고 쉽고 상대적으로 정확한 가위입니다. 크리스퍼/캐스9을 발견함으로써 생명과학 분야의 연구 시간이 훨씬 단축되고 비용도 절약되었습니다. 무척 효율적이고 정확하게 원하는 DNA 부분을 자를 수 있는 기술을 인류가 손에 넣게 된 것입니다.

EBS 클래스ⓔ

✉ ebs_books@ebs.co.kr

EBS 클래스ⓔ
도서목록

강신주

정우철

박일환

한동일

유영만

말라리아 퇴치부터 매머드 부활까지

크리스퍼/캐스9 기술로 우리는 무엇을 할 수 있을까요? 크리스퍼/캐스9은 일단 저처럼 분자생물학을 연구하는 사람들에게 큰 기여를 했습니다. 생물학 연구에 쉽게 사용할 수 있는 도구이기 때문에 연구가 훨씬 빨라졌죠. 또 인류에게 필요한 방식으로 생명체에 적용할 수 있습니다.

대표적으로 식물 종자 개량을 예로 들 수 있습니다. 식물의 종자에 우리가 원하는 기능을 넣거나 원치 않는 기능을 없애는 일이 쉬워졌습니다. 이렇게 종자를 대량으로 개량할 수 있는 쉬운 방법을 손에 넣게 되면서 농업혁명이 가능해졌다고 표현하기도 합니다.

크리스퍼/캐스9은 말라리아 저항 모기를 만드는 데도 용용되었습니다. 말라리아는 아직 완벽한 치료 방법이 없습니다. 한 해에 말라리아에 걸려서 사망하는 사람만 50만 명이나 된다고 합니다. 그런데도 아직 치료제도, 백신도 없습니다.

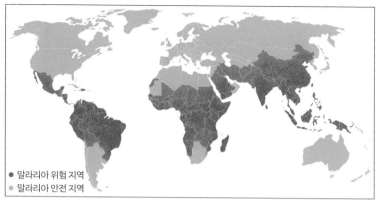

한 해 50만 명의 희생자를 내는 말라리아
는 저위도 지역의 저개발 국가를 중심으
로 널리 퍼져 있다. 크리스퍼/캐스9은 말
라리아 퇴치에 기여하고 있다.

말라리아는 말라리아모기에 기생하는 말라리아 병
원충에 의해 감염됩니다. 따라서 말라리아모기를 없
애면 말라리아 병원충도 없어지는 것이죠. 방법은 이
렇습니다. 말라리아모기의 유전체를 변형시켜 불임으
로 만듭니다. 특정한 유전자를 없애서 불임 모기를 만
드는 것이죠. 그렇게 되면 그 모기가 자손을 낳지 못
하는데, 오히려 그렇게 되면 또 소용이 없어집니다. 불임 모기에서 대가 끊어지고 마니까요.

과학자들은 늘 그렇듯 새로운 방법을 찾아냈습니다. 특정 유전자를 없애서 불임이 될 변이를 갖고 있는 모기를 많이 만들어낸 겁니다. 불임 관련 유전자 부분을 인위적으로 잘라주면 정자나 난자가 만들어질 때 그 부분에서 유전자가 섞이는 재조합이라는, 유전자의 다양성을 증가시키는 과정이 일어납니다. 이렇게 불임을 유도하는 유전자를 가진 모기를 개체군 내에서 많이 돌아다니게 하는 것을 유전자 드라이브라고 합니다. 크리스퍼/캐스9은 이처럼 유전자 드라이브 기술에 적용되었습니다.

또 크리스퍼/캐스9을 이용하는 다양한 생명과학 관련 기업들도 생겨났습니다. 기업마다 목표는 다릅니다. 유전병을 치료하겠다는 회사도 있고, 암을 치료하겠다는 회사도 있습니다. 또 아까 말씀드린 대로 식물체의 종자를 개량하는 회사도 있습니다. 이처럼 크리스퍼/캐스9을 적용하는 다양한 벤처기업이 생기고 여기로 엄청난 투자금이 몰리고 있습니다.

크리스퍼/캐스9은 거의 모든 생명체의 유
전자를 개량하여 현대인의 식탁을 완전히
바꿔놓았다.

　어떤 유전자 치료 회사에서는 '크리스퍼 만찬'이라
는 것을 열기도 합니다. 매주 열리는 이 만찬에 사용
되는 식재료는 모두 크리스퍼/캐스9을 적용한 생물체
입니다. 말인즉 이제 거의 모든 생물체에 크리스퍼/캐
스9이 적용되었다는 뜻입니다. 이처럼 크리스퍼/캐스
9은 굉장히 빠른 속도로 대중화되었습니다.
　재미있는 사례를 몇 가지 살펴보겠습니다. 그중 하

나가 뿔 없는 소입니다. 목장에서 사육하는 소는 성체가 되어 뿔이 자라면 자기들끼리 싸워서 다치곤 합니다. 그래서 많은 목장에서 다 자란 소의 뿔을 자르죠. 뿔을 자를 때는 당연히 소가 무척 아파합니다. 그래서 아예 뿔을 만드는 유전자를 없애서 처음부터 뿔이 나지 않는 소를 만들었다고 합니다.

또 하나는 현재 진행되고 있는 매머드 재생 프로젝트입니다. 매머드가 멸종되었다는 것은 다들 아실 겁니다. 과학자들은 시베리아 동토층에 매장되어 있던 매머드의 사체로부터 유전정보를 읽어냈습니다. 그 뒤 크리스퍼/캐스9 기술을 이용해 현존하는 동물 중 가장 매머드와 비슷한 아시아코끼리 세포의 유전정보 중 매머드와 다른 부분을 매머드의 유전정보로 계속 바꾸는 것이죠. 이렇게 유전자를 바꾼 뒤 그 유전정보에 체세포 동물복제기술을 적용해서 매머드를 부활시키겠다는 프로젝트입니다. 이처럼 유전자 가위는 다양한 영역에서 인간의 필요에 따라 다양한 유전체 변형 및 교정에 활용되고 있습니다.

크리스퍼/캐스9이 바꾼 인류의 삶

크리스퍼/캐스9은 인간에게도 많이 적용되고 있습니다. 대표적인 것인 후천성면역결핍증후군, 즉 에이즈 치료입니다. 크리스퍼/캐스9 덕분에 에이즈 환자를 완치하는 방법이 가능해졌습니다. 에이즈를 유발하는 HIV 바이러스가 숙주인 인체의 면역 T세포로 들어갈 때 CCR5라는 수용체를 거치는데, 이 수용체를 없애면 더 이상 HIV 바이러스가 들어가지 못합니다.

우리 몸의 T세포 같은 면역세포나 혈액세포는 골수에서 만들어집니다. 따라서 골수이식을 하면 새로운 면역세포가 만들어지죠. 골수이식을 할 때 골수이식을 하는 세포에서 HIV 바이러스의 수용체인 CCR5를 없애면, 여기서 만들어지는 면역세포들은 HIV의 숙주가 될 수 없습니다. 이렇게 골수이식 전 골수세포의 유전체에서 크리스퍼/캐스9으로 CCR5에 대한 유전자를 제거하면 에이즈를 치료할 수 있습니다.

이런 식으로 다양한 질병의 치료에 크리스퍼/캐스

크리스퍼/캐스9은 에이즈와 암 등 다양한
질병 치료에 활용되고 있다.

9을 적용하고 있습니다. 대표적으로 요즘 세포 치료제
로 개발되고 있는 카티(CAR-T)를 들 수 있습니다. 카
티의 원리는 이렇습니다. 면역세포인 T세포를 꺼내서
유전체를 변형해 특정 암세포를 잘 공격하는 정보를
넣어 환자의 몸에 주입하면, 암세포를 더 강하게 공격
할 수 있습니다. 쉽게 말해서 환자의 몸에서 T세포를
꺼내 크리스퍼/캐스9을 이용해 유전체를 변형해 암세

포를 더 잘 공격할 수 있게 만든 뒤 다시 환자의 몸에 집어넣는 겁니다.

카티는 2017년에 미국 식품의약국Food and Drug Administration(FDA)의 승인을 받았습니다. 별다른 치료제가 없던 소아백혈병에 이 방법이 작동한다는 것이 알려지면서 아주 빨리 승인을 받았습니다. 이처럼 크리스퍼/캐스9은 인간의 질병 치료에 다양하게 응용될 수가 있습니다.

유전자 조작 기술의 딜레마

크리스퍼/캐스9에도 문제는 있습니다. 동물이나 식물에 적용할 때는 하나의 개체를 만들 수 있는 수정란이나 종자, 즉 씨에 적용했습니다. 하지만 개체가 다 완성된 뒤에는 크리스퍼/캐스9의 적용이 쉽지 않죠. 인체의 특정 세포에만 크리스퍼/캐스9을 집어넣어 유전체를 교정하는 것은 어렵습니다. 사람의 몸에는

100조 개의 세포가 있습니다. 그중에서 원하는 세포에 이 유전자 가위 시스템을 집어넣는다는 것은 결코 쉬운 일이 아니죠.

또 우리 몸의 세포는 계속 새로운 세포로 바뀝니다. 어제 있던 세포가 오늘도 있는 것이 아닙니다. 따라서 크리스퍼/캐스9을 이용해 유전자 치료를 한다고 해도 그 세포가 죽으면 다시 유전체 교정을 해야 합니다. 따라서 결국 가장 효과적인 방법은 수정란에 적용하여 수정란에서 유래하는 인체의 모든 세포들을 교정하는 것이죠. 문제는 수정란에 적용하면 이런 변화가 다음 세대로 계속 전해진다는 겁니다. 한번 교정하면 어찌할 방법 없이 그대로 자손만대 그 변화가 이어지는 것이죠. 여기에 윤리적 갈등이 있습니다.

기술과 윤리라는 두 가지 갈등이 충돌하는 겁니다. 개체에 적용하자니 치료법으로는 한계가 있고, 수정란에 적용하자니 윤리적인 문제가 발생하는 겁니다. 동물과 식물의 수정란이나 씨에는 적용했는데 인간에게도 가능할까요? 2017년 미국 오리건주립대학교의 슈

트라트 미탈리포프Shoukhrat Mitalipov 교수와 서울대학교의 김진수 교수가 공동 연구를 통해 크리스퍼/캐스9 유전자 가위로 인간의 수정란에서 심장 근육의 기능을 약화시키는 변이를 성공적으로 교정할 수 있었다는 결과를 보고했습니다. 즉, 기술적으로 인간 수정란에도 이 방법을 적용할 수 있다는 것이죠. 이때는 착상은 하지 않고 배아 상태에서만 실험을 했죠.

이후 2018년에 중국의 과학자가 HIV 환자인 부모의 아이를 HIV에 걸리지 않게 하기 위해서 CCR5를 수정란 단계에서 없앤 아기를 착상해서 출산에 성공했다는 발표를 했습니다. 이런 연구를 하겠다고 어디에도 먼저 보고하지 않은 채 유전자 가위를 인간 배아에 적용해 맞춤아기Designer Baby를 생산한 것이죠. 이렇듯 우리가 동의하든 동의하지 않든 수정란에서 인간 유전체를 교정하거나 편집하는 맞춤아기 기술이 가능해졌습니다.

다우드나 교수는 인간 배아에 크리스퍼/캐스9 기술이 적용되기 시작한 2015년부터 이것을 막아야 한다고 주장했습니다. 세계적으로 인간 수정란 교정 연구

중단을 발표해야 한다고 주장한 것이죠. 심지어 《뉴욕타임스》와 인터뷰를 할 때 자신이 프랑켄슈타인이 된 것 같아서 종종 악몽을 꾸기도 한다고 말할 정도였습니다. 다우드나는 이렇게 단지 훌륭한 과학자의 모습뿐 아니라 자신의 연구를 책임지려고 노력하는 훌륭한 인간의 모습도 보여주고 있습니다.

경지에 이른 재능이 삶을 풍요롭게 한다

지금까지 2020년 노벨 화학상 수상자와 그들의 연구인 크리스퍼/캐스9에 대해 살펴보았습니다. 과학 분야 노벨상은 공동으로 수상한 경우는 많았는데, 여성 연구자들만 공동 수상한 경우는 이번이 처음이라고 합니다. 더군다나 샤르팡티에 교수는 학위를 받은 뒤 20년 동안 다섯 나라, 아홉 개 연구소에서 임시직으로 연구를 하면서도 이렇게 훌륭한 업적을 이루어 냈습니다.

노벨 물리학상과 화학상 메달 뒷면에는 자연을 상징하는 이시스 여신이 풍요의 뿔을 든 모습으로 새겨져 있다. 그녀 얼굴의 베일을 벗겨주는 사람은 과학자를 의미한다.

노벨상 메달 뒷면에는 "경지에 이른 재능이 삶을 풍요롭게 한다Inventas vitam juvat excoluisse per artes"라는 문구가 새겨져 있다고 합니다. 2020년 노벨 화학상 수상자인 에마뉘엘 샤르팡티에와 제니퍼 다우드나는, 그들의 경지에 이른 재능을 통해 실제로 우리의 삶을 풍요롭게 하는 방법을 제공해주었습니다. 이제 이 방법을 우리가 얼마나 현명하고 윤리적으로 사용할 수 있는지가 남겨진 숙제입니다. 이것으로 2020년 노벨 화학상 설명을 마치겠습니다. 고맙습니다.

해설 송기원

연세대학교 생화학과에서 학사학위를, 미국 코넬대
학교에서 생화학 및 분자유전학 박사학위를 받았다.
미국 밴더빌트대학교 의과대학 박사후연구원을 거
쳐 1996년부터 연세대학교 생명시스템대학 생화학
과 교수로 재직 중이다. 저서로는『송기원의 포스트
게놈 시대』『생명』『생명과학, 신에게 도전하다』(공저)
등이 있다.

2020
노벨 생리·의학상

"세 사람의 발견은 C형간염 바이러스에 대한 정확도 높은 혈액 검사를 가능하게 했으며 세계 각 지역에서 C형간염의 전파를 막아 세계 보건에 크게 기여했다."

하비 J. 올터
마이클 호튼
찰스 M. 라이스

2020 노벨 생리·의학상

카롤린스카연구소 노벨위원회는 C형간염 바이러스를 발견한 공로로
하비 J. 올터, 마이클 호튼, 찰스 M. 라이스에게
2020년 노벨 생리·의학상을 공동 수여하기로 결정했습니다.

2020년 노벨 생리·의학상은 전 세계 사람들에게 간경변과 간암을
유발하는 중대한 의료 문제인 혈액 매개성 간염을 퇴치하는 데
결정적인 공헌을 한 세 명의 과학자에게 수여되었습니다. 하비
올터, 마이클 호튼, 찰스 라이스는 새로운 바이러스인 C형간염 바
이러스를 식별하는 데 중대한 발견을 이룩했습니다. 이들의 발
견은 만성 간염의 원인을 밝히고 수백만 명의 생명을 구한 혈액
검사와 신약을 가능케 했습니다.

간염에는 두 가지 주요 유형이 있습니다. 한 가지 유형은 오염
된 물이나 음식에 의해 전염되는 A형간염 바이러스로 인한 급성

질환입니다. 다른 유형은 B형간염 바이러스 또는 C형간염 바이러스에 의해 발생합니다. 이러한 유형의 혈액 매개 간염은 종종 간경변 및 간암으로 진행될 수 있는 만성질환입니다.

감염성 질환을 막는 데 핵심은 원인 인자를 식별하는 것입니다. 1960년대에 바루크 블룸버그는 혈액 매개성 감염의 한 형태가 B형간염 바이러스로 알려진 바이러스에 의해 발생한다고 발표했으며, 이 발견으로 그는 1976년 노벨 생리·의학상을 받았습니다.

당시 미국 국립보건원의 하비 올터 교수는 수혈을 받은 환자의 간염 발생을 연구하고 있었습니다. 올터와 동료들은 간염 환자들의 혈액이 인간 외에 감염되기 쉬운 유일한 숙주인 침팬지에게 질병을 전파할 수 있음을 증명했습니다. 후속 연구에서도 미지의 감염원이 바이러스의 특징을 가지고 있다는 점이 입증되었습니다. 이러한 방식으로 이루어진 올터의 체계적인 조사를 통해 새롭고 뚜렷한 형태의 만성 바이러스성 간염이 정의되었습니다. 이 수수께끼 같은 질병은 'NANB' 간염으로 알려지게 되었습니다.

하비 올터의 수혈 관련 감염에 관한 체계적인 연구는 미지의 바이러스가 만성 간염의 일반적인 원인임을 입증했습니다. 마이클 호튼은 C형간염 바이러스로 명명된 새로운 바이러스에서 게놈을 분리하기 위해 검증되지 않은 전략을 활용했습니다. 찰스 라이스는 C형간염 바이러스만으로도 간염을 유발할 수 있다는 최종 증거를 제공했습니다.

C형간염 바이러스의 발견은 결정적이었습니다. 그러나 퍼즐의 중요한 조각이 하나 부족했습니다. 바이러스만으로도 간염을 일으킬 수 있을까? 이 질문에 답하기 위해 과학자들은 바이러스가 자기복제하여 질병을 일으킬 수 있는지를 조사해야 했습니다. 워싱턴대학교의 연구원이던 찰스 라이스는 RNA 바이러스를 연구하는 다른 동료들과 함께 바이러스 복제에 중요할지도 모르는 C형간염 바이러스 게놈의 끝부분, 이전에는 특정되지 않은 부분을 발견했습니다. 끈질긴 연구 덕에 찰스 라이스는 C형간염 바이러스만으로도 수혈 매개 간염이 가능하다는 것을 보여주는 최종적인 증거를 제시했습니다.

2020년 노벨 생리·의학상 수상자들이 C형간염 바이러스를 발견한 것은 바이러스성 질병과의 계속되는 싸움에서 거둔 획기적인 성과입니다. 이들의 발견 덕분에 바이러스에 대한 매우 세심한 혈액 검사가 가능해졌습니다. 이는 전 세계 여러 지역에서 수혈 후 간염을 본질적으로 제거함으로써 전 세계인들의 건강을 크게 향상시켰습니다. 또한 이들의 발견을 통해 C형간염을 겨냥한 항바이러스 약물을 개발할 수 있게 되었습니다.

C형간염은 전 세계적으로 주요한 의료 문제로 남아 있었지만 이들의 발견 덕에 이제는 이 질병을 퇴치할 수 있는 기회가 생겼

습니다. 이 질병은 이제 치료될 수 있으며, 전 세계적으로 C형간염 바이러스를 박멸할 수 있다는 희망을 주었습니다. 이 목표를 달성하기 위해서는 혈액 검사를 촉진하고, 항바이러스 약물을 사용할 수 있도록 하는 국제적인 노력이 필요합니다.

하비 J. 올터 Harvey J. Alter

1935년 미국 뉴욕 출생. 1961년부터 국립보건원(NIH)에서 연구했고, 조지타운대학교를 거쳐 1969년 NIH로 돌아와 임상센터 수혈의학과 선임연구원으로 합류했다. 현재 NIH 부소장으로 있다.

마이클 호튼 Michael Houghton

1949년 영국 출생. 1977년 킹스칼리지런던에서 박사학위를 받았다. 현재 캐나다 앨버타대학교 바이러스학 특별연구위원장이자 리카싱 응용바이러스연구소 소장이다.

찰스 M. 라이스 Charles M. Rice

1952년 미국 새크라멘토 출생. 1981년 캘리포니아공과대학에서 박사학위를 받았다. 미국 뉴욕의 록펠러대학교에서 교수로 재직 중이다.

인류의 건강을 위협한
C형간염 바이러스의 발견

안녕하세요. 저는 카이스트에서 바이러스 면역학을 가르치고 연구하는 신의철입니다. 2020년 노벨 생리·의학상 수상자와 그들의 연구에 대해 말씀드리겠습니다. 2020년 노벨 생리·의학상의 업적은 아주 간단하게 한마디로 정리할 수 있습니다. 바로 C형간염 바이러스의 발견입니다.

오늘 강의를 준비하면서 내용을 두 가지로 생각해 보았습니다. 하나는 'C형간염 바이러스, 발견부터 정복까지'입니다. 다른 하나는 'C형간염 바이러스 영웅전'입니다. 주제에서 드러나듯이 발견의 이야기와 정복의 이야기를 할 예정입니다. 그중에서도 2020년 노벨 생리·의학상 수상자들을 포함해서 많은 의학자와 과학자들이 C형간염 바이러스를 극복하기 위해서 어떤 일들을 해왔는지를 일종의 영웅전처럼 이야기하겠습니다.

수혈 매개 간염 발견의 역사

먼저 그래프를 하나 소개하겠습니다. 가로축은 연도입니다. 1901년부터 시작하고, 그다음에 1943년이 나옵니다. 1965년부터는 5년 단위로 표시되어 있죠. 그리고 초록색 선이 하나 나옵니다. 세로축은 퍼센트입니다. 지금부터 차차 이 의미를 말씀드리겠습니다. 그래프가 시작하는 1901년 무슨 일이 일어났을까요? 현재 의료 현장에서는 수혈이 흔하게 시행되고

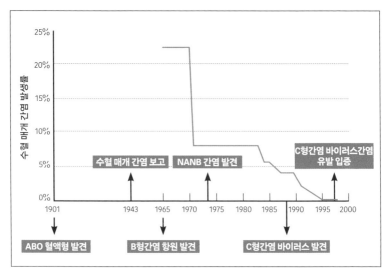

수혈 매개 간염 바이러스의 극복

있습니다. 수혈은 사실 꽤 오래전부터 시도했습니다. 1900년 이전에도 했죠. 그런데 어떤 경우는 성공하고, 어떤 경우는 환자가 사망했습니다. 지금은 초등학생도 알고 있는 '혈액형'이라는 개념을 그때는 몰랐으니까요.

1901년은 바로 오스트리아의 카를 란트슈타이너Karl

Landsteiner(1868~1943)가 처음으로 ABO 혈액형을 발견한 해입니다. 그 뒤에 인류는 안전하게 피를 주고받을 수 있게 되었죠. 실제로 카를 란트슈타이너는 ABO 혈액형을 발견한 공로로 1930년에 노벨 생리·의학상을 받았습니다.

1901년 ABO 혈액형이 발견되었지만 그 이론이 곧바로 널리 퍼지지는 않았습니다. 하지만 그 후 두 차례의 세계대전을 비롯한 많은 전쟁이 일어났죠. 전쟁에서 부상당한 사람도 많고 하니 당연히 수혈도 많이 했겠죠. 혈액형을 알게 되었으니 수혈을 해서 많은 사람을 살려냈습니다.

그런데 이상하게도 수혈을 받은 사람들 중 많은 사람에게서 간염이 생긴다는 사실을 알게 되었습니다. 당장은 사람을 살려야 하니까 나중에 간염이 생기든 말든 수혈을 했겠죠. 그러다 보니 어떤 사람은 멀쩡하지만, 어떤 사람은 열도 나고 황달도 생겼습니다. 황달은 대표적인 간질환의 증상이죠. 이런 현상을 보고서 미국의 의학자들이 정확한 원인은 모르지만, 수혈에 의해 매개되는 바이러스 때문에 간염이 생기는 것은 아닌가 하는 생각을 하게 되었습니다. 그때가 1943년 이었습니다.

1965년에는 미국의 의학자인 바루크 블룸버그 Baruch Blumberg(1925~2011)가 B형간염을 일으키는 원인 바이러스를 발견했습니다. 이 업적으로 1976년에 노벨상을 받았죠. 바루크 블룸버그는 B형간염 바이러스를 처음 발견했을 때 그게 바이러스인지도 몰랐습니다. 단지, 오스트레일리아 원주민의 혈액에 주로 있는 어떤 단백질이 아닐까 생각했죠. 그래서 이름도 오스트레일리아 안티젠Australia Antigen, 즉 호주 항원이라고 붙였습니다. 그러나 나중에 이것이 B형간염의 원인이 되는 바이러스라는 것을 알게 되었죠.

새로운 바이러스를 발견하고 나면 치료제와 백신을 만들어야 합니다. 하지만 그게 바로 되는 일은 아닙니다. 몇 년씩 걸리곤 하죠. 하지만 진단은 바로 할 수 있습니다. 현재 유행하고 있는 코로나 바이러스도 마찬가지죠. B형간염 바이러스를 발견하게 되니,

1970년을 전후해서 수혈자를 대상으로 B형간염 바이러스 검사를 할 수 있었습니다. 그랬더니 1970년 이전까지는 수혈을 받으면 100명 중 22명에게 간염이 생기던 것이, 검사를 시행한 이후로는 이 수치가 8퍼센트 정도로 뚝 떨어졌습니다. 간염이 수혈에 의해 생길 수 있다는 것을 안 뒤 공여 혈액을 대상으로 B형간염 바이러스 검사를 한 덕에 그만큼 수치가 떨어진 것이죠. 2020년 노벨 생리·의학상의 이야기도 여기서부터 시작됩니다.

1970년대에 미국 국립보건원에서 혈액은행을 담당하는 의사였던 2020년 노벨 생리·의학상 수상자 하비 올터는 B형간염 바이러스 발견 이후에도 8퍼센트 정도의 발병률을 보이던 수혈 매개 간염에 주목했습니다. 그리고 A형간염 바이러스도 아니고 B형간염 바이러스도 아닌, 무언가 알 수 없는 바이러스가 수혈 환자에게 간염을 일으킨다고 보고했습니다. 그래서 그 이름을 Non-A, Non-B 간염이라고 불렀습니다. 약자로는 NANB 간염이라고 부르죠. 이때부터 관련 논문을 발표했고, 2020년 노벨상을 받은 계기가 된 것입니다.

C형간염 바이러스, 너는 누구냐!

하비 올터는 사실 C형간염 바이러스를 발견하지 않았습니다. 다만 어떤 특정한 종류의 질병이 있다는 것을 처음으로 기술한 것이죠. 이것도 상당히 대단한 업적입니다. 하지만 올터가 C형간염 바이러스의 발견에 기여한 부분은 이것만이 아닙니다.

하비 올터는 미국 국립보건원의 혈액은행 담당자로 있으면서 수많은 헌혈자의 혈액을 조금씩 모아 놓았습니다. 그렇게 혈액을 모아 놓고 그 혈액을 제공한 사람을 추적해 간염 발생 여부를 조사함으로써 어떤 혈액이 NANB 간염 바이러스에 오염되었는지 확인할 수 있었습니다. 그리고 그 혈액들에 NANB 간염 바이러스 오염 여부를 전부 표시해서 냉동 보관했습니다.

또 수혈 이후에 간염이 생긴 사람의 혈액을 모아 보관했죠.

이렇게 모아 놓은 혈액을 바탕으로 하비 올터는 여러 연구자의 연구를 지원했습니다. 그런데 몇 년이 지나도 원인 바이러스를 찾지 못한 겁니다. 그러다 보니 연구실 냉동고가 가득 차기 시작했고, 나중에는 근처 다른 도시의 육류창고 냉동고를 빌려서 보관하기까지 했다고 합니다. 또 나중에는 제대로 시스템을 갖춘 사설 냉동 보관소에 맡기기도 했답니다.

그 당시 NANB 간염의 원인을 밝히는 것은 중요한 의학계의 난제였습니다. 그러다 1989년 마이클 호턴이 그 원인 바이러스를 밝혀냈습니다. 그 사이, 그러니까 1975년부터 1989년까지 그 14년 동안 자신이 NANB 간염 바이러스를 발견했다고 나선 연구팀이 40팀이 넘었다고 합니다. 누군가 NANB 간염 바이러스를 발견했다고 주장하면, 하비 올터가 자신의 혈액 샘플을 제공하면서 어떤 혈액이 NANB 간염 바이러스에 오염된 것인지 맞혀보라고 했죠. 그런데 모두 틀

렸어요. 그러다가 1989년에 마이클 호턴 연구팀이 맞힌 것입니다.

당시 마이클 호턴은 카이론Chiron이라는 생명공학 회사 소속의 연구원이었습니다. 1983년부터 NANB 간염 바이러스를 찾으려는 연구를 시작했고, 5~6년 만에 드디어 발견한 것이죠. 그 결과를 1988년에 학회에서 보고하고, 1989년에 과학 전문지 《사이언스》에 싣게 됩니다. 그 업적으로 2020년에 노벨상을 받은 거고요.

일반적으로 바이러스를 동정同定하기 위해선 먼저 분리를 해야 합니다. 호흡기 바이러스라면, 호흡기 세포를 키워서 거기에서 그 바이러스를 증식시키는 겁니다. 그것을 통해서 특성도 규명하는 것이죠. 간염 바이러스도 마찬가집니다. 시험관에 사람 간세포를 키운 뒤 거기에 간염 보균자의 혈액을 넣어서 바이러스를 증식시켜야 하는 것이죠. 이게 고전적인 방법입니다. 그런데 이런 방식으로는 14년 동안 아무도 성공하지 못했습니다. 마이클 호턴의 연구팀은 당시 새롭게

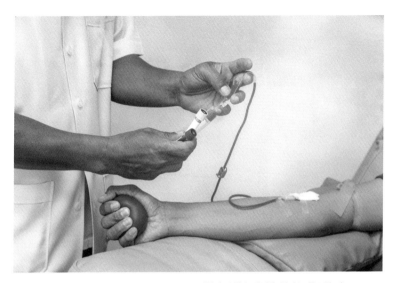

헌혈과 수혈은 생명을 살리는 중요한 의료 행위지만, 과거에는 종종 수혈로 인해 간염에 걸리기도 했다.

등장한 분자생물학 기법으로 NANB 간염 바이러스의 유전자를 찾았습니다. 정확하게 말하면 바이러스 자체를 분리하지는 못했죠. 그래서 이들의 1989년 논문에도 NANB 간염 바이러스의 cDNA 유전자 클론을 찾았다고 할 뿐 바이러스를 찾았다고는 되어 있지 않습니다. 이런 이유로 고전적인 바이러스학자들의 공격을 받기는 했지만, 어쨌든 정확하게 맞히긴 한 것이죠.

당시 의학계는 이들의 발견을 완벽하게 인정하지는 않는 분위기였습니다. 고전적인 연구 방식을 선호하는 바이러스학자들은 분자생물학 방법에 의한 발견을 반신반의했죠. 제가 1992년에 의과대학에서 C형간염 바이러스에 대해 배울 때도 "풀지 못한 숙제로, 아직 원인 바이러스를 완전히 발견했다고 볼 수 없다"는 식으로 배웠습니다.

C형간염 바이러스의 입증

어떻게 보면 C형간염 바이러스를 증명하는 것은 간단합니다. 동물에 주입하여 간염이 유발됨을 보여주면 되는 것이죠. 그런데 C형간염 바이러스는 다른 동물에는 감염되지 않고 유일하게 사람과 가장 유사한 동물인 침팬지만 감염됩니다. 즉 C형간염 바이러스에 걸린 환자의 피를 침팬지에 넣어주면 침팬지가 C형간염에 걸립니다. 그런데 과학자들은 여전히 의심합니다. 혈액을 옮겨줄 때 마이클 호턴이 발견한 C형간염 바이러스만 간 것이 아니라 아직 모르는 다른 요소가 같이 간 것이 아니냐, 따라서 마이클 호턴이 발견한 C형간염 바이러스만으로 C형간염이 유발되는지 확실히 증명된 것은 아니라고요.

이런 논란 속에서 2020년 노벨 생리·의학상의 세 번째 주인공인 찰스 라이스가 등장합니다. 찰스 라이스는 바이러스를 분자생물학적 방법으로 연구하는 데 굉장히 뛰어난 사람이었습니다. 찰스 라이스는 C형간염 바이러스 유전자 RNA를 시험관에서 만들어서 정제했습니다. 그러고 나서 C형간염 바이러스 유전자 RNA를 침팬지의 간에 직접 주입했습니다. C형간염 바이러스의 RNA 말고는 아무것도 넣지 않았습니다. 그랬더니 간염이 생겼습니다.

이로써 1989년에 마이클 호턴이 C형간염 바이러스를 발견했다고는 했지만, 이것이 유일한 원인인지 확신

하지 못하던 분위기에서 찰스 라이스가 C형간염 바이러스 하나만으로 충분히 간염을 유발함을 증명하게 되었죠. 모든 의심을 불식시킨 겁니다. 이 연구 결과를 찰스 라이스 연구팀이 1997년에 《사이언스》에 발표합니다. 이때 침팬지 두 마리를 대상으로 실험을 했습니다. 이렇게 C형간염 바이러스의 발견에는 침팬지들도 큰 기여를 했지만, 2010년대 이후부터는 동물윤리 문제가 강화되면서 침팬지 실험은 금지되고 제한적으로만 할 수 있게 되었습니다.

이렇게 2020년 노벨 생리·의학상의 연구 업적이 정리됩니다. C형간염이라는 질병의 발견, 그 질병을 유발하는 바이러스의 발견, 그리고 이 발견에 대한 완전한 입증. 이 세 가지 업적과 주인공에게 2020년 노벨 생리·의학상이 돌아갔습니다.

과학 발전의 숨은 주인공들

다시 앞의 그래프를 살펴보겠습니다. 수혈로 매개된 간염은 원래 약 22퍼센트에서 발생하다가 B형간염을 알게 된 뒤 1970년대에 8퍼센트로 줄었습니다. 이제 그 8퍼센트가 C형간염이었다는 것을 알게 되었죠. 그래서 1989년 이후에 환자가 줄어든 것은 당연히 이해할 수 있습니다. 그런데 C형간염 바이러스가 발견되기 전인 1980년대 초반부터 수혈 매개 간염 환자가 줄기 시작했습니다. 이것은 후천성면역결핍증, 에이즈를 유발하는 HIV 바이러스 때문입니다.

1980년대 초반에 HIV 바이러스가 등장하는데, HIV 바이러스 보유자는 대개 C형간염도 같이 보유한 경우가 많았습니다. 그런데 헌혈을 할 때 HIV 바이러스 검사를 하니까 덩달아 C형간염 바이러스 보유자도 걸러지게 된 것이죠. 그렇게 1980년대 초반부터 수혈을 매개로 한 C형간염 환자가 줄기 시작한 겁니다.

잠시 여담 한마디 하겠습니다. 아까 말씀드렸듯이

유일하게 C형간염 바이러스에 감염되는
동물이기 때문에 찰스 라이스는 C형간염
연구에 침팬지를 활용했다.

찰스 라이스는 침팬지로 C형간염 바이러스 실험을 했
습니다. 그런데 침팬지는 실험을 마친 뒤에도 폐기할
수 없습니다. 동물윤리 규정 때문이죠. 그래서 자연사
할 때까지 키워야 합니다. 인간도 C형간염에 걸리면
그 상태로 10년, 20년 살아갑니다. 마찬가지로 침팬지도 남은 삶을 C형간염을 안은 채 살아가야 하죠.

그러다 보니 그 침팬지를 치료제를 연구하는 데 활용했습니다. 제가 2002년부터 미국 국립보건원에서 간염 바이러스를 연구하는 팀으로 가서 C형간염 바이러스를 연구했습니다. 그때 제가 바로 찰스 라이스가 감염시켜 놓은 그 침팬지를 치료하려고 했죠. 애를 많이 썼는데 치료는 안 됐습니다. 그래서 농담 삼아 누구는 감염시켜서 노벨상 받았는데, 저는 치료하려다 못 받았다는 식으로 말하기도 합니다.

C형간염 바이러스를 발견하는 데는 연구자뿐 아니라 환자도 큰 기여를 했습니다. 바이러스를 발견하려면 환자가 피를 제공해줘야만 하는 거죠. 이렇게 각 환자로부터 유래된 개별 바이러스를 스트레인strain이라고 합니다. 같은 C형간염 바이러스라 해도 환자마다 조금씩 다릅니다. 가령 이번 노벨상의 계기가 된 침팬지에게 주입한 C형간염 바이러스는 H77스트레인이라고 합니다. 이 H는 어떤 사람의 머리글자입니다.

H, 즉 허친슨Hutchinson이라는 환자는 1977년에 수

혈을 받고 C형간염에 걸렸습니다. 허친슨은 연구에 필요하다고 하면 언제든 와서 피를 제공해주었죠. 그래서 그의 피로 많은 연구가 이루어져서 사실상 노벨상을 받은 업적이 모두 그의 피 덕분이라고 할 수 있습니다. 제가 미국 국립보건원에서 연구하던 2007년 허친슨 씨의 C형간염 바이러스 감염 30주년을 맞았습니다. 그래서 미국 국립보건원에서 감사 파티도 열어주었습니다. 허친슨 씨 덕분에 C형간염 연구가 발전할 수 있었죠. 인류에 큰 공헌을 한 허친슨 씨의 노고에 감사하는 자리였습니다. 이렇듯 의학의 발전에는 의사나 과학자만이 아니라 협조적인 환자도 무척 중요합니다.

간암의 원인이 되는 C형간염

지금까지 C형간염 바이러스의 발견에 대한 이야기를 했습니다. 이제 이 C형간염 바이러스의 극복에 관

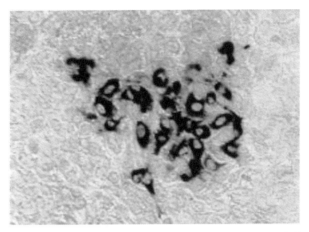
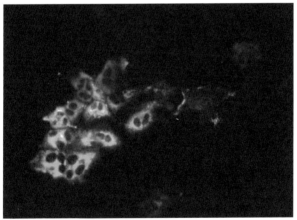

C형간염 바이러스에 감염된 간세포

ⓒ신의철

한 이야기를 하겠습니다. 그러니까 지금부터 드릴 말씀은 노벨상 이후의 이야기가 되겠죠.

정리하자면 1943년에 수혈을 통해 간염을 유발하는 바이러스가 전파된다는 사실을 알게 되었고, 1965년에 B형간염 바이러스를 발견했습니다. 그러면서 B형간염 환자가 큰 폭으로 줄었죠. 그리고 1975년에 NANB 간염이라는 질병을 발견했지만 원인 바이러스인 C형간염 바이러스의 발견은 1980년대 후반에야 이루어졌고, 1990년대 후반에는 이를 완전히 입증했죠. 그로써 20세기 말부터 선진국에서는 수혈을 통해서는 더는 간염이 매개되지 않게 되었습니다. 이것만으로도 혁혁한 공을 세운 것이기 때문에 노벨상이 수여된 것이죠.

이후 연구를 통해서 C형간염이 어떤 경과를 거치며 진행되는지를 알게 되었습니다. C형간염에 걸리면 일단 반 이상의 환자에서 만성으로 진행합니다. 일반 감기나 독감은 길어도 2주, 아무리 길어도 1개월 안에 저절로 낫습니다. 물론 사망하는 경우도 있기는 합

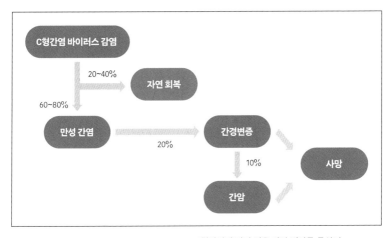

C형간염에 걸릴 경우 당장 별다른 증상이 없더라도 훗날 간경변증이나 간암으로 이어질 위험이 있다.

니다. 하지만 그것이 몇 년 동안 이어지지는 않습니다. 말하자면, 대부분의 바이러스는 설사 최악의 경우 환자가 사망하는 일이 있지만 대부분 1~2개월 안에 어떻게든 결론이 납니다. 대부분 자연회복을 하지, 5년, 10년, 20년 병을 안고 가는 경우는 없습니다.

물론 그렇게 장기간 지속되는 바이러스가 있습니다.

대표적인 것이 HIV 바이러스입니다. 그리고 B형간염과 C형간염도 10년, 20년, 30년, 평생 가기도 합니다. C형간염 바이러스에 걸리면 20~40퍼센트의 환자는 별다른 치료를 하지 않아도 6개월 안에 자연회복됩니다. 하지만 60~80퍼센트의 환자는 만성 간염으로 이어집니다.

만성 C형간염 환자의 경우 치료를 하지 않으면 평생 안고 살게 됩니다. 다만 C형간염은 만성으로 가도 증상이 별로 없습니다. 환자들이 딱히 아프지 않아서 어떤 경우는 C형간염에 걸렸어도 그 사실을 모릅니다. 이런 경우가 아주 흔한데, 그렇다고 결코 안심해서는 안됩니다. 오랜 세월 C형간염 바이러스가 있으면 간경변증이 생기기도 하고 간암이 생기기도 합니다. C형간염 자체의 증상이 없더라도 나중에 간경변증으로 진행되고 간암으로 이어져 사망에 이를 수 있습니다.

도전과 극복의 영웅전

C형간염 바이러스는 1989년에 발견되었습니다. C형 간염이라는 질병의 존재를 인지한 것은 1970년대 중반이고, 바이러스가 발견된 것은 1989년이죠. 그런데 C형간염 바이러스에 대한 치료는 사실 1989년 이전부터 시작됐습니다. 물론 당시에는 NANB 간염 바이러스라고 불렸죠.

1980년대는 생명공학의 시대, 유전공학의 시대가 막 펼쳐지기 시작한 시기였습니다. 그래서 인터페론 Interferon을 대량으로 생산할 수 있게 되었습니다. 인터페론은 우리 몸의 면역세포에서 생성되는 자연 단백질로, 사이토카인cytokine에 속합니다. 바이러스를 억제하는 성질이 있는 자연적인 항바이러스 물질이죠.

그 당시에는 인터페론을 항바이러스 물질로 다양한 질병에 쓸 수 있을 것이라는 기대감이 넘쳤습니다. 그래서 NANB, 즉 아직 정체를 몰랐던 C형간염 바이러스에도 적용할 수 있을 것이라 생각해 1986년부터

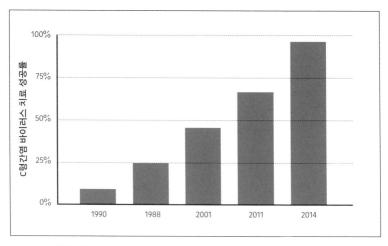

C형간염 바이러스 치료 성공률

치료를 시작했습니다. 그 연구를 주도한 사람이 미국 국립보건원의 제이 후프나글Jay Hoofnagle(1943~)이었습니다.

후프나글은 인터페론을 이용해 C형간염 바이러스 치료를 시작했습니다. 처음에는 치료 성공률이 10퍼센트가 채 되지 않았습니다. 굉장히 낮았죠. 게다가 이 약은 며칠 간격으로 6개월 내지 1년 동안 주사로

맞아야 했습니다. 그런데도 치료 효율이 좋은 편이 아니었죠. 이렇게 고생스럽게 치료해도 성공률이 높지 않아 많은 학자가 개선하기 위해 노력했습니다.

먼저 다른 항바이러스 약물인 리바비린Ribavirin이라는 약물과 섞어보았습니다. 그랬더니 1998년경에는 치료 성공률이 25퍼센트 정도로 개선되었습니다만 아직도 미진한 상황이었습니다. 어려운 점은 C형간염 바이러스의 특성 때문이었습니다.

C형간염 바이러스가 있는 피를 수혈받으면 C형간염에 걸립니다. 바이러스가 매개하는 것은 분명합니다. 그런데 시험관에서 간세포에 감염시켜 배양하면 절대 배양되지 않는 겁니다. 보통의 바이러스는 시험관에서 감염되고 배양되니까 치료법을 찾기도 수월합니다. C형간염 바이러스도 시험관에서 배양할 수 있다면 거기에 이런저런 약물을 테스트해서 좋은 후보 약을 찾을 수 있습니다. 그런데 C형간염 바이러스는 시험관에서 배양, 증식이 되지 않으니 약물을 개발하기가 너무나 힘들었고, 그래서 약물 개발이 더뎠죠.

그러던 중 또 다른 돌파구가 나타납니다. 새로운 영웅이 등장한 것이죠. 바로 독일 하이델베르크대학교의 랄프 바텐슐라거Ralf Bartenschlager(1958~) 교수입니다. 바텐슐라거는 C형간염 바이러스 전체를 배양하는 것은 욕심이라 생각하고 1999년 C형간염 바이러스 유전자를 최소화한 단위로 복제만 했습니다. 이를 레플리콘replicon이라고 합니다. 이 부분이 성공하고 나니까 진짜 감염은 아니지만 약물 검색은 가능해졌습니다. 물론 제대로 된 증식 시스템은 아닙니다. 간신히 유전자만 복제한 것이죠. 하지만 바텐슐라거의 연구가 초석이 되어 훗날 C형간염 바이러스 치료약을 개발하게 되었습니다.

인터페론 연구에도 진전이 있었습니다. 제약회사에서 인터페론을 조금 변형해 인체 내에서 더 오랫동안 유지될 수 있게 했습니다. 2~3일 간격으로 투여하던 약을 일주일에 한 번만 투여해도 되도록 개선한 것이죠. 그 결과, 2001년에는 50퍼센트 가까이 치료 성공률이 올라갔습니다. 그러던 중 또 우연히 놀라운 발견이 등장합니다.

우연한 발견이 극적인 발전으로 이어진다

과학의 세계에서는 종종 우연이 극적인 발전으로 이어지기도 합니다. 허친슨이라는 환자의 H77 바이러스 외에 또 유명한 C형간염 바이러스 스트레인이 있습니다. 환자 이름은 알려져 있지 않지만, 그 바이러스의 이름은 JFH1입니다. Japanese Fulminant Hepatitis의 약자죠. 원래 C형간염은 증상이 약합니다. 그런데 C형간염 바이러스에 감염된 어떤 일본 환자한테 간 손상이 매우 강하게 나타났습니다. 간이 온통 손상될 정도로 심했죠. 그래서 '급격히 진행한다'는 뜻에서 '풀미넌트'라는 단어를 쓴 거죠. 일본 학자들이 이 특이한 JFH1이라는 스트레인을 발견했습니다.

그때까지는 이게 그렇게 중요한지 몰랐습니다. 그런데 이것이 시험관에서 배양, 증식이 되는 것을 발견했습니다. 이것이 성공한 게 2005년이죠. 아주 최근입니다. 수십 년 동안 C형간염 바이러스는 시험관에서 증식시킬 수 없다고 생각했는데, 2005년에 드디어 풀린 것이죠. 그리고 나니까 많은 것을 할 수 있게 되었습니다. 왜냐하면 이제야 비로소 보통 바이러스를 연구하는 방법대로 C형간염 바이러스를 연구할 수 있게 되었기 때문입니다.

바이러스의 일생을 가리키는 단어로 바이러스 생활사라는 표현이 있습니다. 바이러스가 어떻게 세포 안으로 들어가고, 가서 어떻게 증식하고, 또 어떻게 빠져나오는지를 설명하는 것이죠. 이런 생활사는 바이러스마다 다릅니다. 1999년에 바텐슐라거가 시험관 내에서 C형간염 바이러스 유전자를 최소 단위로 증식시켰고, 이 시스템을 이용하여 항바이러스제들을 개발한 결과 2011년에 그 성과들이 나왔습니다. 이렇게 개발한 항바이러스제들을 인터페론과 섞었더니 2011년에는 치료 성공률이 70퍼센트 가까이 올랐습니다. 그리고 마침내 2014년에 이르러서는 더는 인터페론을 쓰지 않고 새롭게 개발한 항바이러스제만으로도 치료 성공률을 95퍼센트 이상으로 높일 수 있게 되었습니다.

사실 인터페론은 워낙 부작용이 많은 약이었습니다. 부작용이 있더라도 그전까지는 다른 약이 없어서 어쩔 수 없이 사용했죠. 그리고 인터페론은 주사제였기 때문에 불편함이 많았습니다. 하지만 요즈음 이용하는 새로운 항바이러스제들은 먹는 약이면서 2개월 정도 매일 복용하면 거의 모든 환자가 치료됩니다. 이제 C형간염 바이러스에 걸렸다고 해도 걱정할 필요가 없습니다.

1970년대 중반까지만 해도 수혈을 하면 8퍼센트의 환자는 어쩔 수 없이 C형간염에 걸렸습니다. 그런데 이제는 이게 큰 문제가 아니게 되었죠. 바이러스를 발견한 1989년부터 약 25년 사이에 인류가 한 가지 바이러스를 완치하는 데까지 이른 것입니다. 올해 특별히 이 업적에 노벨상이 수여된 것은 아마도 코로나바이러스 때문이 아닌가 싶습니다. 인류가 특정 바이

러스를 발견해서 성공적으로 치료한 매우 훌륭한 사
례이기 때문입니다.

남은 과제, 예방과 치료

이렇게까지 보면 C형간염 바이러스 문제는 모두 정
복한 것 같지만, 아직 남은 문제가 몇 가지 있습니다.
C형간염 바이러스의 가장 큰 문제 중 하나는 당장은
증상이 없더라도 오랜 세월이 지난 후 간경변증과 간
암으로 이어진다는 것입니다. 증상이 없으니 쉽게 드
러나지 않죠. 따라서 중요한 것은 환자를 빨리 찾아내
는 것입니다. 이것은 보건 관리의 영역이겠죠.

우리나라에서는 질병관리청이 주관해 2020년 9월
부터 10월까지 두 달 동안 C형간염 환자 조기 발견
시범사업을 실시했습니다. 처음 시행하는 시범사업이
기 때문에 일반검진사업 미수검자 중 만 56세(1964년
생)만 대상으로 진행했습니다. 일반건강검진 채혈시

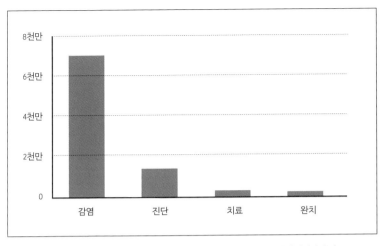

C형간염 항체검사를 함께 실시했고, 1차 검사 결과 양성인 경우 2차 확진검사(RNA 검사)까지 시행했습니다. 물론 전액 정부 부담이었습니다.

현재 전 세계적으로 7000만 명 정도가 C형간염 바이러스에 감염된 것으로 추정되는데, C형간염 바이러스에 걸렸다고 진단되는 사람은 그 4분의 1도 되지 않습니다. 무척 적은 수의 사람만 C형간염 바이러스에 걸렸다는 것을 안다는 거죠.

치료약의 비용도 문제입니다. 워낙 비싸서 후진국에서는 C형간염 진단을 받아도 함부로 치료제를 쓰지 못합니다. 그러다 보니 진단을 받은 사람 중에서도 4분의 1 정도만 치료를 받습니다. 물론 치료하면 대개 완치됩니다. 따라서 이제 C형간염 관련 문제는 보건 관리와 비용의 문제가 남아 있다고 볼 수 있습니다. 건강검사 때 C형간염 바이러스 감염 여부를 확인하는 검사도 포함되어야 할 것입니다.

또 다른 문제는 백신입니다. C형간염 바이러스는 아직 백신이 개발되지 않았습니다. 바이러스에 대해 알게 되고 치료제까지 나왔는데 아직 백신은 개발하지 못했습니다. 그 이유 중 하나는 C형간염 바이러스가 우리 몸에 들어와 자꾸 변한다는 데 있습니다. 그러니 백신을 만들어도 계속 피해가는 것이죠. 저 역시 백신을 개발하는 데 참여하고 있습니다만, 일각에서는 치료를 공격적으로 하면 백신이 없더라도 C형간염 바이러스를 완전히 없앨 수 있지 않을까 하고 생각하는 학자들도 있습니다.

제가 C형간염 바이러스를 연구하는 사람이다 보니 종종 저에게 올해 C형간염 바이러스 연구가 노벨상의 주인공이 될지 알았냐고 묻는 분들이 있습니다. 사실 예견된 일이기도 합니다. 노벨상을 받기에 충분한 업적이니까요. 그리고 노벨 생리·의학상은 대개 특정 질병의 원인을 발견한 사람에게 상을 주는데 기왕이면 그 문제가 해결되었을 때 줍니다. 누군가 바이러스를 발견하고 다른 사람이 해결책을 찾더라도 오히려 발견자가 더 주목을 받는 경향이 있죠. C형간염 바이러스는 바이러스학 쪽에서도 근래에 보기 드물게 성공한 사례입니다.

작은 걸음이 모여 큰 진전을 이루는 과학

마지막으로 재미있는 이야기를 하나 해드리겠습니다. 1989년에 C형간염 바이러스가 발견되고 나서 관련 연구자들이 모여 매년 심포지엄을 하기로 했습니

INTERNATIONAL SYMPOSIUM ON
HEPATITIS C VIRUS AND RELATED VIRUSES

1992 - VENICE, ITALY MICHAEL HOUGHTON SERGIO ABRIGNANI FERUCCIO BONINO	**2005 - MONTREAL, CANADA** DANIEL LAMARRE MARC BILODEAU RAFICK SEKALY LORNE TYRRELL	**2016 - KYOTO, JAPAN** YOSHIHARU MATSUURA TAKAJI WAKITA TETSURO SUZUKI KAZUHIKO KOIKE
1994 - SAN DIEGO, USA MICHAEL HOUGHTON CHARLIE RICE	**2006 - CAIRNS, AUSTRALIA** ERIC GOWANS MICHAEL BEARD GEOFF McCAUGHAN	**2017 - CAPE COD, USA** RAYMOND T. CHUNG MANSUN LAW GEORG LAUER BRETT LINDENBACH
1995 - GOLD COAST, AUSTRALIA ERIC GOWANS GRAHAM COOKSLEY	**2007 - GLASGOW, UK** JOHN McLAUCHLAN MARK HARRIS ARVIND PATEL ELIZABETH McCRUDEN	**2018 - DUBLIN, IRELAND** NIGEL STEVENSON MARK HARRIS COLM BERGIN JOHN McLAUCHLAN CLIONA O'FARRELLY
1997 - KYOTO, JAPAN TATSUO MIYAMURA KUNITADA SHIMOTOHNO	**2008 - SAN ANTONIO, USA** STANLEY LEMON ROBERT LANFORD	**2019 - SEOUL, SOUTH KOREA** Eui-Cheol Shin Kwang-Hyub Han Sung Key Jang Takaji Wakita
1998 - VENICE, ITALY FERUCCIO BONINO HEINZ-JÜERGEN THIEL	**2009 - NICE, FRANCE** JEAN-MICHEL PAWLOTSKY	
1999 - BETHESDA, USA JAY HOOFNAGLE JAKE LIANG	**2010 - YOKOHAMA, JAPAN** TAKAJI WAKITA	
2000 - GOLD COAST, AUSTRALIA ERIC GOWANS GRAHAM COOKSLEY	**2011 - SEATTLE, USA** STEPHEN J. POLYAK MICHAEL GALE CHIHIRO MORISHIMA JOHN SCOTT	
2001 - PARIS, FRANCE JEAN-MICHEL PAWLOTSKY GENEVIEVE INCHAUSPE	**2012 - VENICE, ITALY** SERGIO ABRIGNANI ALFREDO ALBERTI FERUCCIO BONINO RAFFAELE De FRANCESCO	
2002 - SAN DIEGO, USA CHARLIE RICE SERGIO ABRIGNANI MICHAEL HOUGHTON	**2013 - MELBOURNE, AUSTRALIA** MICHAEL BEARD HEIDI DRUMMER JACOB GEORGE ROSE FRENCH	
2003 - KYOTO, JAPAN TATSUO MIYAMURA KUNITADA SHIMOTOHNO	**2014 - BANFF, CANADA** MICHAEL HOUGHTON D. LORNE TYRRELL	
2004 - HEIDELBERG, GERMANY RALF BARTENSCHLAGER DARIUS MORADPOUR HEINZ-JOERGEN THIEL	**2015 - STRASBOURG, FRANCE** THOMAS BAUMERT ROBERT THIMME FRANCOIS-LOIC COSSET CATHERINE SCHUSTER JEAN DUBUISSON	

세계의 C형간염 바이러스 연구자들은 매
년 심포지엄을 열고 그 기록을 명패에 남
겨둔다.

다. C형간염 바이러스의 약자인 HCV를 따서 HCV 미팅이라고 합니다. 1992년에 처음 심포지엄을 개최한 뒤 매년 이어오고 있습니다. 초기에는 주로 미국, 일본, 유럽 등 C형간염 바이러스 연구가 활발한 나라에서 주최했습니다.

심포지엄을 주최한 나라에서는 하나씩 명패를 달았습니다. 어느 도시에서 누가 주최했다는 것을 기록한 것이죠. 한 나라에서 개최하면 명패를 새겨놓은 뒤 다음 심포지엄이 열릴 때까지 보관하고 있다가 다음 사람에게 건네주는 것이죠. 이 명패는 세계에서 하나밖에 없습니다.

2019년에는 우리나라 서울에서 했습니다. 저와 한광협, 장승기 교수, 일본의 다카지 와키타 교수가 주최했죠. 그래서 이렇게 서울에서 누가 주최했다는 명패를 새겼습니다. 원래는 1년 동안 보관한 뒤 2020년 심포지엄을 주최하는 몬트리올에 넘겨줘야 하는 것이었죠. 그런데 코로나 바이러스 때문에 2020년 심포지엄이 열리지 못해서 아직도 제 손에 있습니다.

제가 처음 해외 학회에서 구두발표한 것이 2003년 일본 교토에서 열린 HCV 미팅 때였습니다. 매년 이 심포지엄에서 발표하고 공부하면서 과학자로서 제가 성장할 수 있었죠. 말하자면 2020년 노벨 생리·의학상을 받은 분들도 모두 이 학회에서 발표하고 함께 연구한 제 스승 같은 분들입니다. 그래서 이분들이 노벨상을 받아 저 역시 기쁨과 보람을 느꼈죠. 과학은 이렇게 인류가 함께 연구하면서 한걸음씩 전진한다는 말씀을 드리면서 오늘 강의를 마치겠습니다.

해설 신의철

바이러스 면역학자이자 카이스트 의과학대학원 교수. 연세대학교 의과대학을 졸업하고 동대학원에서 미생물학 석사, 박사학위를 받았다. 한국과학기술한림원의 정회원이며 제1회 용운의학대상, 대한간학회 GSK 학술상, 대한바이러스학회 한탄상, 대한면역학회 제넥신 학술상 대상 등을 수상했다.

2020
노벨 경제학상

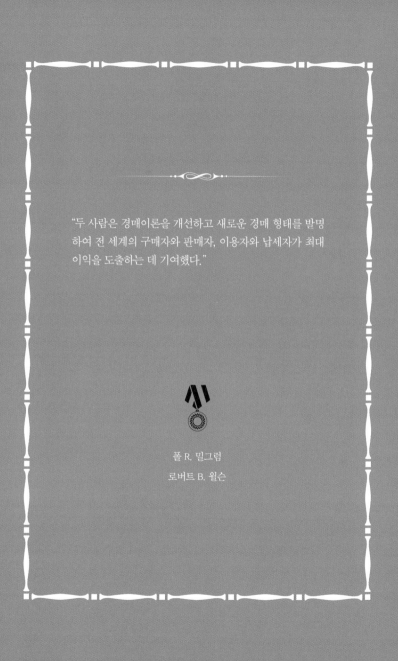

"두 사람은 경매이론을 개선하고 새로운 경매 형태를 발명하여 전 세계의 구매자와 판매자, 이용자와 납세자가 최대 이익을 도출하는 데 기여했다."

폴 R. 밀그럼
로버트 B. 윌슨

2020 노벨 경제학상

스웨덴 왕립과학한림원은
"경매이론의 개선 및 새로운 경매 형식의 발명"의 공로로
폴 R. 밀그럼과 로버트 B. 윌슨에게 '알프레드 노벨을 기념하는
스웨덴 중앙은행 경제과학상'을 수여하기로 결정했습니다.

2020년 노벨 경제학상 수상자인 폴 밀그럼과 로버트 윌슨은 경매의 작동 방식을 연구했습니다. 이들은 또한 뛰어난 통찰력으로 라디오 주파수와 같이 전통적인 방식으로 판매하기 적합하지 않은 상품이나 서비스에 대한 새로운 경매 형식을 설계했습니다. 이들의 발견은 전 세계의 판매자, 구매자 및 납세자들에게 큰 이익이 되었습니다.

사람들은 항상 가장 높은 입찰자에게 물건을 팔거나 가장 싼 제안을 한 사람에게서 물건을 구입했습니다. 이러한 경매는 수천 년 전부터 보편적으로 사용되어온 거래 방식입니다. 전통적으로 예술 작품이나 골동품, 귀금속 등이 경매의 주요 대상이었지만 요즘에는 가정용품, 증권, 광물이나 에너지 등 천문학적 가격을 지닌 물건들도 매일 경매에 넘어가는 실정입니다. 도로나 주파수 등 공공의 이익에 기여하는 공유자원 또한 경매의 대상이 될 수 있습니다.

그동안 많은 연구자들이 경매이론을 활용하여, 입찰 및 최종 가격에 대한 다양한 규칙의 결과, 즉 경매 형식을 이해하고자 했습니다. 전통적인 경매의 규칙은 가장 높은 입찰가를 제시한 사람이 낙찰을 받는 식으로 단순합니다. 하지만 경매의 결과는 입찰자들이 활용할 수 있는 정보에 따라 전략적으로 행동하기 때문에 분석하기가 쉽지 않습니다. 입찰자들은 자신이 알고 있는 것과 다른 입찰자들이 알아야 한다고 믿는 것을 모두 고려해야 했습니다.

경매는 유용한 거래 방법이지만, 거래해야 할 대상이 공동가치를 지니는 경우에는 상황이 달라집니다. 2020년 노벨 경제학상 수상자들은 이처럼 공동가치를 지니는 대상물을 어떤 방식으로 경매해야 사회 전체의 편익이 가장 큰지 연구했습니다.

로버트 윌슨은 사용하기 전에는 확실하지 않지만, 결국 모든 사람에게 동등하게 가치를 지니는 대상에 대한 경매이론을 개발했습니다. 무선 주파수의 미래 가치 또는 특정 지역의 광물 등이 여기에 속합니다. 윌슨은 합리적인 입찰자들이 왜 공동가치를 지니는 대상에 최상의 추정치보다 낮은 가격에 입찰하려는 경향을 보이는지를 보여주었습니다. 지나치게 높은 입찰가를 제시하여 낙찰을 받은 뒤 그것을 상회하는 수익을 거두지 못하는 승자의 저주를 피하기 위해서입니다.

폴 밀그럼은 공동가치뿐만 아니라 입찰자마다 다른 사적 가치들도 허용하는 더욱 일반적인 경매이론을 공식화했습니다. 그는 잘 알려져 있는 여러 입찰 형식에 따라 입찰 전략을 분석하여, 입찰자가 입찰 중에 서로의 예상 값에 대해 더 많이 알게 될 때 판매자가 더 높은 수익을 거둘 수 있다는 것을 증명했습니다.

시간이 지남에 따라 공항의 랜딩슬롯이나 무선 주파수 같은 더욱 복잡한 대상이 사용자들에게 할당되었습니다. 이에 대한 대응으로 밀그럼과 윌슨은 최대 수익보다 광범위한 사회적 이익을 추구하는 판매자들을 위해, 상호 연관된 다양한 물건들을 동시에 경매하는 새로운 형식을 발명했습니다. 1994년, 미국 당국은 통신 사업자들에게 무선 주파수를 판매하는 데 2020 노벨 경제학상 수상들이 제시한 경매 형식 중 하나를 최초로 사용했습니다. 그 이후로 많은 나라가 이들의 경매 방식을 따랐습니다.

이들의 경매이론은 현실 세계의 여러 문제를 해결하는 데 기여했습니다. 이들은 기초 이론에서 시작하여 이후 그 결과를 실제로 활용했고, 이는 전 세계적으로 확산되었습니다. 이들의 발견은 사회에 큰 도움을 주었습니다.

폴 R. 밀그럼 Paul R. Milgrom

1948년 미국 디트로이트 출생. 1979년 미국 스탠포드대학교에서 박사학위를 받았다. 현재 스탠포드대학교 인문·과학 교수이다.

로버트 B. 윌슨 Robert B. Wilson

1973년 미국 제네바 출생. 1963년 미국 하버드대학교에서 경영학 박사학위를 받았다. 현재 스탠포드대학교 경영학 명예교수이다.

경매이론의 개선과 새로운 경매 방식의 발명

안녕하십니까? 명지대학교의 박정호 교수입니다. 매년 10월 초순이 되면 전 세계 언론의 이목이 스웨덴에 집중됩니다. 바로 그해의 노벨상 수상자를 발표하기 때문이죠. 매년 10월 10일 스웨덴 왕립과학한림원 노벨위원회는 그해의 노벨상 수상자를 발표합니다.

2020년 노벨 경제학상은 폴 밀그럼과 로버트 윌슨이 함께 받았습니다. 사실 그전에도 노벨 경제학상 공동 수상자는 많았습니다. 그런데 2020년에 함께 노벨

경제학상을 받은 폴 밀그럼과 로버트 윌슨은 이전의
수상자들과는 관계가 사뭇 다릅니다. 지금까지는 대
부분 공동 연구자로서 동료이자 친구가 많았죠. 그런
데 2020년 노벨 경제학상 수상자 둘은 스승과 제자의
관계입니다.

본격적으로 2020년 노벨 경제학상의 업적에 대해
살펴보기 전에 이 둘은 어떤 학자이고, 어떤 것에 관
심이 많았는지 먼저 살펴보겠습니다.

함께 노벨상을 받은 스승과 제자

로버트 윌슨과 폴 밀그럼은 사실 어느 정도 노벨 경
제학상 수상이 예견된 학자들이라고 할 수 있습니다.
2020년 노벨 경제학상의 주제인 경매이론으로 이미
노벨상에 준하는 여러 세계적인 학술상을 받았기 때
문이죠. 이들의 경매이론이 보편적으로 현실 세계의
여러 문제를 해결하는 데 기여했다는 점을 많은 분야

에서 인정을 받으면서 언젠가 노벨 경제학상을 받지 않겠냐고 많은 사람이 예상했습니다.

로버트 윌슨과 폴 밀그럼은 스탠포드대학교에서 지도교수와 학생으로 처음 만났습니다. 둘이 의기투합하게 된 결정적인 학문적 관심사는 경매였습니다. 둘이 경매이론을 꾸준히 연구한 결과 이번에 노벨상을 받게 된 것이죠.

윌슨 교수는 경영과학 분야의 세계적인 권위자 중 한 명으로 꼽힙니다. 1964년부터 지금까지 56년 동안 스탠포드대학교 교수로 있으면서 경매이론과 가격결정이론을 오랫동안 연구해왔죠. 가격결정이론은 정확하게 가격을 결정하기 어려운 대상들의 가격을 가장 합리적으로 정하는 방법에 대한 이론입니다.

사실 로버트 윌슨은 노벨상 수상자를 많이 배출해낸 학자로도 유명합니다. 2020년에 함께 노벨상을 받은 밀그럼 교수를 포함해서 2012년 수상자인 앨빈 로스Alvin Roth(1951~), 2016년 수상자인 벵트 홀름스트롬 Bengt Holmström(1949~)도 윌슨의 제자였죠. 그래서 노벨위원회에서는 로버트 윌슨 교수에 대해 본인뿐 아니라 제자 세 명도 노벨상을 받아 '노벨 해트트릭'을 달성했다고 하기도 했습니다. 그동안 로버트 윌슨이 직간접적으로 경제학 분야에 지대한 기여를 해왔음을 이런 식으로 칭송하면서 수상자로 발표했죠.

폴 밀그럼은 미시간대학교에서 수학을 전공했습니다. 대부분의 학자와 달리 곧바로 대학원에 진학하지 않고 몇 년 동안 보험회사에서 보험계리사로 활동했고, 컨설팅회사에서 컨설턴트로 활동하기도 했습니다. 30세쯤 되어 스탠포드대학교 경영대학원에 진학했죠. 1979년 경영학 박사학위 과정에 진입한 뒤부터 경매 이론에 관심을 둔 것으로 알려져 있습니다. 로버트 윌슨과 폴 밀그럼은 이때부터 체계적인 경매이론을 하나씩 발표해오며 오랫동안 사제지간이자 동반자로 함께 살아왔다고 할 수 있습니다.

로버트 윌슨과 폴 밀그럼은 말씀드렸다시피 사제지간인 동시에 이웃사촌이기도 합니다. 한동네에서 가까이 지냈기 때문에 더 긴밀히 소통하면서 연구할 수 있었던 것이 아닌가 하는 생각도 듭니다.

2020년 노벨 경제학상 수상자로 선정되었다는 소식을 전했을 때도 가까이 산 덕에 일어난 해프닝이 있습니다. 노벨위원회는 두 수상자를 선정하고 나서 전화로 연락을 했습니다. 하지만 시차가 나기 때문에 미국은 깊은 밤중이었죠. 로버트 윌슨은 바로 전화를 받았는데, 폴 밀그럼은 자느라 연락을 받지 못했습니다. 그래서 윌슨에게 다시 전화를 걸어서 도움을 요청했죠. 직접 가서 전해달라고요. 윌슨은 그 밤에 제자의 집에 찾아가 문을 두드리며 "자네가 노벨 경제학상 수상자라네" 하며 전해줬습니다. 문 앞에서 둘이 서로 얼싸안으면서 기뻐했다고 합니다.

얼마 전 스탠포드대학교 트위터 계정에 늦은 밤 로버트 윌슨이 밀그럼의 집 초인종을 눌러 노벨 경제학상 수상자라고 말하는 CCTV 동영상이 공개되기도 했습니다. 저도 궁금해서 그 영상을 봤는데, 대학자들이 그간의 업적에 대해서 서로 칭찬하는 모습이 너무도 아름다웠습니다.

인류의 오랜 거래 방식, 경매

이제부터 로버트 윌슨과 폴 밀그럼의 학문적 업적이 어디에서 기인한 것인지 구체적으로 살펴보겠습니다. 로버트 윌슨과 폴 밀그럼은 경매이론을 바탕으로 노벨 경제학상을 받게 되었습니다. 이들이 경매를 고민하는 방법론은 경제학의 세부 분야인 게임이론에 근거하고 있습니다. 경매는 특성상 그 과정에서 많은 사람의 이해관계가 서로 달리 정의되기 때문에 게임이론을 통해 해석하는 게 유리할 수 있습니다.

노벨상은 순수한 학문적 영역에서 달성한 업적에는 수여되지 않는 경향이 강합니다. 학문적인 내용을 바탕으로 현실에 기여했을 때 주로 수여되었죠. 따라서 이들이 현실 경제에서 직면하고 있는 실질적인 문제를 경매이론을 통해서 해결했다는 뜻입니다. 실제 노벨위원회도 2020년 경제학상 수상자를 발표하면서, 이들의 업적이 현실 사회에서 우리에게 다양한 편익을 제공하는 데 기여했다는 내용을 전했습니다.

소수의 판매자와 다수의 구매자가 있을
때 유용한 경매는 경제의 역사와 함께해
왔다.

경매는 수천 년 전부터 보편적으로 사용되어온 거
래 방식입니다. 흔히 경매로 물건을 산다고 하면 가장
먼저 떠오르는 것이 골동품이나 미술품 혹은 농수산
물일 겁니다. 이렇듯 요즘에도 경매로 물건을 사고파
는 일은 비일비재합니다. 그런데 명시적으로 경매라고
하지 않더라도 사실상 경매로 이루어지는 거래가 더
많습니다. 예컨대 과점기업들이 소비자들을 대상으

로 가격을 부여할 때는 경매의 형태를 취하는 경우가 굉장히 많습니다. 또 파산한 기업의 자산을 처분하는 과정에서도 채무자와 채권자의 교섭, 정부와의 관계에서 또 다른 경매의 모습을 볼 수 있습니다.

경매라는 것은 그 방식과 형태에 따라 여러 종류가 있습니다. 어떤 재화의 판매자가 한 명이고 구매자가 여러 명일 때 경매가 이루어질 수 있습니다. 판매자는 경매를 통해서 가장 비싼 값을 지불하는 사람에게 그 재화를 팔 수 있죠. 반대의 경우도 있습니다. 재화를 구매하겠다는 사람은 한 명인데, 판매하겠다는 사람이 여럿일 때도 있습니다. 이 경우 구매자는 가장 싼 가격에 판매하는 사람의 재화를 구입합니다. 이렇듯 경매는 반드시 가격이 가장 높은 곳만이 아니라 가장 낮은 곳에서도 거래가 성립합니다.

경매는 또 입찰방식에 따라서도 구분됩니다. 공개구두경매와 밀봉입찰경매라는 것입니다. 공개구두경매는 말 그대로 공개적으로 가격을 부르게 하는 것입니다. 가장 높은 가격을 제시하는 사람에게 재화를 판

매하는 방식이죠. 이 방식은 또 영국식과 네덜란드식
두 가지로 나뉩니다. 낮은 가격부터 점점 높은 가격으
로 올라가는, 우리가 흔히 아는 방식의 경매를 영국식
경매라고 합니다.

이와 달리 매우 높은 가격에서 시작해 가격을 점점
낮추는 방식으로 이루어지는 것을 네덜란드식 경매라
고 합니다. 통상적인 기준보다 비싼 가격에서 시작해
순차적으로 내리다 가장 먼저 손을 드는 사람에게 판
매하는 것이죠. 네덜란드식 경매는 주로 우리나라의
수산물 도매시장에서 활용한다고 합니다. 이 두 가지
방식 모두 공개된 방식의 경매이기 때문에 해당 물건
에 대해 다른 사람이 어떤 가격 전략을 가지고 있는
지 확인할 수 있습니다.

밀봉입찰경매는 이름에서도 알 수 있듯이 다른 사
람이 어떤 가격전략을 제시하는지 알 수 없는 방식입
니다. 어떤 재화를 구매하고자 하는 사람들이 각자
자신의 입찰가를 기입한 종이를 제출한 뒤 동시에 개
봉하는 것이죠. 그러다 보니 상대방의 반응을 보면서

높은 가격에서 낮은 가격으로 내려가며
구매자를 선정하는 네덜란드식 경매는
우리나라의 수산물 도매시장에서 주로
활용한다.

결정할 수 없어 전략적인 선택을 하기가 힘든 경우도
있습니다.

밀봉입찰경매 역시 두 가지로 나뉩니다. 일단 두 가
지 방식 모두 최고가를 적어낸 사람이 낙찰을 받습니
다. 그런데 하나는 최고가를 적은 사람이 실제 자기가

적은 금액을 지불하는 것입니다. 자기가 적어서 낸 금액이 가장 높아서 낙찰을 받았으면 그 금액을 납입하면 소유주가 되는 것이죠. 다른 하나는 최고가를 적은 사람이 낙찰을 받되, 지불하는 금액은 자기가 적은 금액이 아니라 차순위 금액을 지불하는 것입니다. 이것을 차가밀봉입찰이라고 합니다.

예를 들어 어떤 물건에 대해 A는 10만 원, B는 9만 원, C는 8만 원을 제시했다고 합시다. 낙찰은 당연히 A가 받습니다. 하지만 금액은 10만 원 아니라 9만 원을 지불하는 것입니다. 이 방식도 세계 여러 곳에서 굉장히 많이 이용되고 있습니다. 이런 입찰 방식은 1996년 노벨 경제학상 수상자인 윌리엄 비크리William Vickrey가 영국식 경매와 성격이 같은 것임을 규명한 뒤 비크리경매라고 경제학계에서 불리고 있습니다.

기존 경매 방식의 부작용과 한계

같은 물건이라도 밀봉입찰경매로 할지 공개입찰경매로 할지에 따라서 판매자와 구매자, 또는 납세자와 주변 이해관계자 사이에 득실이 상당히 많이 달라집니다. 예를 들어 어느 가수의 열렬한 팬이라면 그 가수의 개인 소장품이 무척 가치 있는 것이겠죠. 다른 사람이 보는 가치와 완전히 다를 겁니다. 다른 사람은 별것 아니라고 해도 열렬한 팬에게는 온 재산을 쏟아부어도 아깝지 않을 수 있습니다. 이렇게 개인에 따라 가치가 달라지는 경우 경매에 대한 큰 고민을 할 필요가 없습니다.

문제는 경매로 거래해야 할 대상이 공동가치common value를 지니는 경우입니다. 말 그대로 어떤 사회적 가치를 공유할 수밖에 없는 대상을 말하죠. 대체로 공유자원이 여기에 속합니다. 주파수 같은 것을 대표적인 예로 들 수 있습니다. 각 주파수 대역은 모두 한정된 자원들입니다. 따로 주인은 없지만 국가에서 주파

주파수 등의 사회적 가치를 지니는 공유
자원은 사용자의 이익도 고려해 판매 방
식을 구성해야 한다.

수 대역을 어느 회사에 어느 기간 동안 이용할 수 있
게 허락해주는지에 따라서 주파수를 통해 국민이 누
리는 편익의 크기는 달라질 수 있습니다. 공항이나 터
미널의 게이트 같은 물리적 공간도 이용하겠다는 회
사(항공사, 버스 회사 등)는 많은데 그 수는 한정되어 있
어 일종의 공유자원이라고 할 수 있습니다.

이렇게 한정된 재화를 어떻게 누구에게 어떤 금액
으로 불하해야 하는지가 큰 고민거리입니다. 바로 윌
슨과 밀그럼이 공동가치를 지닌 이런 대상물을 어떤

경매 방식을 통해서 민간이 활용할 수 있도록 할 때 사회 전체의 편익이 가장 커질 수 있는지를 고민한 대표적인 학자입니다.

공동가치를 지닌 경매 물품을 영국식 경매를 통해 가격을 결정한다고 생각해보겠습니다. 영국식 경매는 공개된 방식이기 때문에 상대방이 어떤 가격을 어떻게 부르는지 입찰자들이 서로 공유합니다. 따라서 공개입찰방식에 해당하는 영국식 경매에서는 공동가치를 지니는 재화를 경매할 때 남다른 전략에 대한 고민은 상대적으로 덜 해도 됩니다.

하지만 공동가치가 있는 물품을 밀봉경매로 경매할 때는 조금 독특한 현상이 생깁니다. 경제학에서는 이것을 '승자의 저주'라고 표현하기도 하죠. 예를 들어 수익성이 100인 어느 물품이 경매에 올랐는데, 한 회사가 그 수익성을 120으로 추정했다고 가정해보겠습니다. 이 회사는 그 물품의 추정 가치를 120으로 산출했기 때문에 다른 회사도 그렇게 추정했을 것이라고 판단할 겁니다. 그리고 자신도 수익을 남겨야 하기 때문에 낙찰을 받기 위해 115 정도의 금액을 적어서 최종 낙찰을 받을 수도 있습니다. 그런데 이 물품의 수익성은 100이었습니다. 결국 회사는 15만큼의 손실을 보게 되는 것이죠. 이게 바로 승자의 저주입니다. 낙찰은 받았지만 오히려 그것 때문에 더 큰 손해를 보는 일들이 최고가 밀봉입찰경매에서 자주 일어나는 일입니다.

승자의 저주를 두려워하는 응찰자들은 자신의 추정치가 과대평가된 것은 아닐까 고민하기 시작합니다. 그래서 입찰가를 보수적으로 적어 제출하게 됩니다. 그러면 아까 120으로 추정했던 실제 가치 100의 물품에 90이나 95 정도로 응찰하게 되죠. 낮은 금액으로 응찰해서 낙찰을 받지 못하면 이익이 없지만 손실도 없으니 문제가 없는 겁니다. 또 낙찰을 받았더라도 5에서 10의 이익을 얻을 수 있죠. 이런 이유에서 최고가 밀봉입찰경매에서는 응찰자가 보수적으로 응찰하게 되는 것입니다.

이 과정에서 생기는 문제도 있습니다. 사회 전체의

공동가치가 있는 물건은 낙찰자가 그 공동가치가 있는 물건을 일반이 원만하게 활용할 수 있도록 관리해야 합니다. 그런데 막상 낙찰을 받았는데 수익성 계산을 잘못했을 경우 공동가치에 충실하지 못한 경우가 생깁니다. 실제로 미국에서는 알래스카파이프컴퍼니라는 회사가 9억 달러 정도가 소요될 것으로 추정한 공공건설 사업을 낙찰받은 적이 있습니다. 그런데 예상치에서 한참 빗나가 7년 뒤인 1977년에 총 소요 비용이 77억 달러로 상향 조정된 일이 발생한 것입니다.

미국령 멕시코만에 있는 대륙붕 석유시추권 경매도 마찬가지 사례입니다. 당시 석유시추권을 저가로 응찰해 낙찰받은 많은 회사들은 낙찰 이후 엄청난 손실을 보고 부도 직전까지 갔습니다. 결국 국가가 관리, 감독하는 공해상의 공공자산을 개발하지도 못하고, 국가산업의 근간이 되는 기업들이 커다란 손실을 봐서 부실하게 된 부작용으로 이어졌습니다.

우리나라에도 이와 유사한 사례가 많습니다. 많은 건설회사나 토목회사 들이 국책사업을 낙찰받기 위해서 상당히 오랜 기간 굉장히 고가에 수주를 해왔습니다. 그러다 보니까 결국 수익을 남기기 위해 무리하게 공기를 단축하고 부실하게 공사를 진행했죠. 안전 관리에 소홀한 것도 물론입니다. 혹은 공사비를 인상하거나 기간을 늘려달라고 요구하기도 했고요.

가장 대표적인 것이 고속철도 사업입니다. 1989년 고속철도를 조성하기로 방침이 결정됐고, 무려 4년 후에 착공했습니다. 그러다 다시 1993년 6월에 사업비와 사업 기간이 재조정되어 5조 8000억 원에서 10조 7000억 원으로 거의 2배 가까이 늘었습니다. 완공 역시 1998년에서 2001년으로 다시 연장됐고요. 결국 최종 완공됐을 때 사업비는 최초 사업비의 4배에 달하는 19조 2000억 원으로 상향 조정된 바 있습니다.

경매가 좀더 원활하게 진행되는 새로운 방법이 있으면 이처럼 큰 격차를 줄일 수 있었을 텐데 하는 고민이 오랫동안 경제학자들 사이에 있었습니다. 게다가 최근에는 경제가 더더욱 발전하게 되면서 주파수를 또다시 매매해야 한다거나 새로운 천연자원을 개발하고 배분하는 일들이 생기면서 더 좋은 경매 제도를 찾으려 했습니다. 이 과정에서 로버트 윌슨과 폴 밀그럼이 2020년 노벨 경제학상을 받은 동시오름입찰경매라는 것이 굉장히 유의미한 대안으로 부상하게 됩니다.

경매의 패러다임을 바꾼 동시오름입찰경매

동시오름입찰경매는 일단 입찰 과정을 여러 단계에 거쳐서 진행하게 합니다. 그 과정에서 입찰자들이 각자 제시한 입찰가에 대한 정보를 비교할 수 있는 기회를 충분히 줍니다. 이를 통해 너무 높은 가격을 써서 승자의 저주를 뒤집어쓸 위험을 줄일 수 있고, 지나치게 저가로 입찰해 사업이 부실해지거나 제대로 시행되지 못하는 불상사를 막습니다. 회사에도 이익이 되고, 공동가치를 지닌 재화를 이용하는 사회에도 이익이 됩니다. 이런 새로운 경매 방식을 제시함으로써 윌슨과 밀그럼은 전 인류의 공유자원들이 합리적인 가격에 합리적인 주체에게 불하받을 수 있도록 기여했습니다.

윌슨과 밀그럼은 오랫동안 인류의 고정관념 아닌 고정관념으로 이어져온 경매 방식을 바꾸었습니다. 이들은 동시오름입찰 방식으로 경매 방식을 바꿨을 때 사회에 어떤 혜택이 돌아오는지를 굉장히 정밀한 수학 공식으로 제시했습니다.

동시오름입찰경매 방식이 실제로 어디에 적용되어 어떤 혜택을 주었는지, 구체적인 사례를 살펴보겠습니다. 대표적으로 미국의 주파수 배분에 활용된 것을 들 수 있습니다. 1994년에 미국 연방통신위원회Federal Communications Commission(FCC)는 공유자원에 해당하는 이동통신 주파수를 어떻게 배분하면 좋을지 오랫동안 고민해왔습니다. 그 이유는 1980년에 '승자의 저주'에 준하는, 아니 오히려 그보다 더 안 좋았던 불행이 있었기 때문입니다. 1980년대에 FCC는 복권식 추첨제로 주파수 사업권을 불하했습니다. 놀랍게도 당시 사

동시오름입찰경매는 이동통신 주파수 대역 등 공공적 성격을 지닌 재화에 대한 경매 방식으로 적합하다.

업권을 획득한 곳은 치과의사들이었습니다. 물론 이들은 이동통신 사업을 수행할 수 없었죠. 하지만 이들은 주파수 사업권을 4100만 달러에 되팔았습니다.

　당시 이동통신 회사들은 왜 치과의사들보다 낮은 가격으로 응찰할 수밖에 없었을까요? 바로 승자의 저주가 두려워 보수적인 입찰가를 적어냈기 때문입니다. 1980년대에 이런 일을 겪은 뒤 FCC는 더는 전통적인 경매 방식으로는 자원을 효과적으로 배분하기 어렵다고 판단했습니다. 그래서 1994년 다시 이동통신 주파수를 배분할 때는 더 선진적인 경매 방식을 찾았죠. 그때 로버트 윌슨과 폴 밀그럼으로부터 동시오름입찰경매 방식을 제안받았습니다. FCC는 그들이 제안한 방식대로 이동통신 주파수를 배분했고 예전과 같은 일이 생기는 것을 막을 수 있었습니다. 이후 1999년에 다시 3G 주파수를 할당할 때도 이 방식을 이용했습니다.

우리나라에서도 3G, 4G, 5G 등 다양한 주파수를 경매를 통해 할당해야 할 일이 있었습니다. 우리나라는 전파법 11조에 경매 방식을 통해 주파수를 할당하도록 명시되어 있습니다. 우리나라 역시 그동안 동시오름입찰경매를 부분적으로 활용해 주파수 대역을 이동통신사에 불하했습니다. 여러 참가자가 여러 지역의 주파수 대역에 수차례 응찰하면서 서로 가격과 전략에 대한 정보를 주고받으면서 승자의 저주도 없애고,

가장 효과적으로 주파수를 할당한 덕에 인터넷이 원만히 발전한 것이라고도 할 수 있습니다.

동시오름입찰경매의 다른 효과도 있습니다. 승자의 두려움이 없어지다 보니 응찰자들이 제 가격에 응찰할 수 있게 된 것이죠. 공유자산을 민간에 불하했을 때 수익을 얻는 주체는 정부입니다. 정부는 통신 주파수를 불하하고 그 사업권을 불하한 대가를 받습니다. 이 대가는 궁극적으로 국민의 혜택으로 이어집니다.

미국은 이렇게 주파수 대역을 민간에 할당함으로써 발생한 수익이 20년 동안 1200억 달러였다고 합니다. 그 정도의 정부 수입을 거둘 수 있었던 거죠. 정부는 그 수익을 정보통신 분야를 비롯한 여러 분야에 활용할 수 있습니다. 이렇듯 동시오름입찰경매는 응찰자, 낙찰자, 또는 납세자까지 모두에게 적정하게 자원이 배분되는 기회가 될 수 있습니다.

동시오름입찰경매는 환경 문제를 해결하는 데도 기여할 것으로 전망됩니다. 탄소배출권을 거래할 때 어떤 방식으로 가격을 책정하고 누가 어떻게 불하받는

탄소배출권 거래 등 동시오름입찰경매는
사회 전체의 보편적 혜택을 높이는 데 활
용할 수 있다.

지에 관한 방법들에서 동시오름입찰경매가 주요한 방
법으로 논의되고 있습니다.

월슨과 밀그럼이 제안한 경매 방식은 특정 경제 주
체의 이익을 극대화하는 것이 아니라 사회 전체의 보

편적인 혜택을 더욱 높이는 데 활용될 수 있습니다. 따라서 이제 더 많은 분야에서 활용될 것입니다. 특히 노벨 경제학상을 받음으로써 이들의 경매 방식이 더 널리 알려져 공동가치가 있는 대상에 이 제도가 더 많이 활용될 것으로 보입니다.

노벨 경제학상은 어떤 연구에 돌아갈까?

노벨 경제학상은 도대체 무엇이고 우리나라는 언제쯤 노벨 경제학상 수상자를 배출할 수 있을까요? 주변을 둘러보면 아직 노벨 경제학상에 대한 편견을 가진 사람이 많음을 알 수 있습니다. 노벨 경제학상은 노벨 경제학자상이 결코 아닙니다. 노벨위원회는 1969년부터 노벨 경제학상 수상자를 선정해왔습니다. 2020년까지 52회에 걸쳐 86명에게 노벨 경제학상을 수여했죠. 그 과정에서 특이한 점은 노벨 경제학상 수상자가 반드시 경제학자는 아니었다는 겁니다.

역대 수상자 중에는 수학자, 심리학자, 정치학자도 있었습니다.

경제학은 수학적인 모델을 많이 사용하는 분야입니다. 객관적으로 부정할 수 없는 결론을 도출하는 데 수학이 가장 유용한 도구이기 때문입니다. 논쟁의 여지가 많은 이론에 노벨상을 주기는 곤란합니다. 따라서 만고불변의 진리에 가깝고 모든 사람이 보편타당하게 동의할 수 있는 이론이라면 당연히 수학적인 규명이 필요합니다.

수학자 중에서 경제학적 업적을 이룬 대표적인 사람으로는 존 내시John Forbes Nash, Jr.(1928~2015)를 꼽을 수 있습니다. 존 내시는 게임이론이라는 수학 영역을 바탕으로 경제학 분야에 기여한 공로로 1994년 노벨 경제학상을 받았습니다. 게임이론은 경제 주체들의 상호의존적인 상황을 분석하는 데 유용한 도구입니다. 로버트 윌슨과 폴 밀그럼이 게임이론을 지속적으로 발전시켜서 새로운 경매이론을 제시하는 데도 존 내시의 수학이 바탕이 되었죠.

존 내시는 게임이론이라는 수학 영역을
바탕으로 경제학 분야에 기여한 공로로
1994년 노벨 경제학상을 받았다.

   정치학자 중에서는 엘리너 오스트롬Elinor Ostrom(1933~
2012)을 꼽을 수 있습니다. 지금까지 노벨 경제학상 수
상자 중 유일한 여성이기도 하죠. 엘리너 오스트롬은
로스앤젤레스 캘리포니아주립대학교에서 정치학 박
사학위를 받고, 인디애나주립대학교에서 정치학 교수
로 재직했습니다. 그녀는 공공선택이론이라는 분야에

서 제도가 개인의 행동에 어떤 영향을 미치는지를 주로 연구한 업적으로 노벨 경제학상을 받았습니다. 로버트 윌슨과 폴 밀그럼이 공유자원을 불하하는 대안으로 새로운 경매이론을 제시했다면, 오스트롬은 '공유지의 비극'을 막으면서 공유자원을 효과적으로 활용하는 방법을 제시했습니다. 일반적으로 공유자원을 효과적으로 활용하는 방법은 사적 소유권을 설정하거나 정부가 개입하는 것이었습니다. 오스트롬은 사회 공동체의 역할을 강조하는 새로운 대안을 제시함으로써 2009년 노벨 경제학상을 받았죠.

노벨 경제학상을 받은 학자들의 공통적인 문제의식과 관심사는 어느 정도 비슷합니다. 완전히 분절된 것이 아니라 어느 정도는 교집합이 있습니다. 따라서 노벨 경제학상을 받은 학자들은 이전의 다른 학자들에게 큰 신세를 진 것이라고 해도 과언이 아닙니다. 이전의 많은 학자의 이론적인 배경 위에 자신의 연구를 보탠다는 태도로 연구하기 때문입니다.

심리학자인 대니얼 카너먼Daniel Kahneman(1934~)도

2002년 노벨 경제학상을 받았습니다. 심리학을 기반으로 한 행동경제학 연구가 주목을 끌면서 수상자가 되었죠. 많은 경제학 이론은 주로 인간의 합리성을 전제로 이론을 전개해왔습니다. 그런데 저를 포함해서 많은 사람이 스스로 완전히 합리적이라고 확신하지 못합니다. 인간은 실제로 수많은 감성적, 주관적, 비합리적 판단을 합니다. 대니얼 카너먼은 심리적 요인이 경제 활동에 어떤 영향을 미치는지에 관한 새로운 학문적 영역을 개척했고, 그것에 대한 이론적 근거를 제시했습니다. 그러한 업적으로 심리학자임에도 노벨 경제학상을 받게 된 것입니다.

이처럼 노벨 경제학상은 경제학자들의 전유물이 결코 아닙니다. 경제라는 것은 우리가 아침에 눈 뜨자마자 잠자리에 들 때까지 가장 빈번히 마주치는 우리의 일상입니다. 우리가 살아가며 모든 순간에 내리는 결정도 모두 경제적 의사결정입니다. 학교에 가거나 회사에 갈 때 버스를 탈지 택시를 탈지 결정하는 것부터 편의점에서 생수를 살지 커피를 살지 결정하는 것도 의사결정입니다. 어떤 전공을 배우고, 어떤 직업을 선택하고, 어떤 회사를 다닐지 선택하는 것도 경제적인 문제죠.

경제적 화두는 일상의 수많은 요소에 있습니다. 그런 화두에 대해서 경제학자뿐 아니라 심리학자, 정치학자, 수학자를 비롯해 많은 학문 분야의 연구자들이 경제적인 시사점을 제시하고 남다른 성과를 낼 수 있다면 누구나 노벨 경제학상을 받을 수 있습니다.

노벨 경제학상의 흐름

노벨상에도 나름대로 유행이 있습니다. 1980년대까지 노벨 경제학상은 거시경제 분야에 크게 관심이 많았습니다. 그 당시만 하더라도 정부가 적극적으로 시장에 개입해서 좀더 바람직한 시장 상황을 유도하는 게 더 좋은지, 아니면 정부가 규제를 최소화해서 시장의 메커니즘에 맡기는 것이 더 좋은지를 두고 첨예한

논쟁이 벌어졌습니다. 그래서 이 부분에 대해서 나름 대로 연구적 시사점을 준 많은 학자가 노벨상의 영예를 안았습니다.

1990년대는 신자유주의의 등장에 따라 국제 금융이 크게 발달한 시기라고 볼 수 있습니다. 그래서 금융시장에 대한 연구가 주류를 이루었죠. 나름대로 금융시장이 돌아가는 원리라든가 금융시장이 작동하는 근본적 구조 등을 제시한 학자들에게 노벨 경제학상이 수여된 것으로 보입니다.

2000년대 들어서는 경제분석방법론에 시계열적인 분석을 적용하는 등 이전과는 다른 방식으로 경제학을 발전시키는 도구를 제공한 학자들에게 상이 수여되었습니다. 컴퓨터 기술과 데이터 처리 기술의 발달에 힘입어 통계학의 각 분야가 성장하면서 가능해진 일이었습니다.

2010년 이후에는 글로벌 경제위기 이후 신자유주의에 대한 비판, 경제정책, 시장 실패에 대한 연구들이 주목을 받았고, 최근에는 인류를 위해 지속 가능한 경제 모델을 찾는 쪽으로 연구가 모이고 있습니다. 기후, 환경, 빈곤, 소득불균형 등의 문제에 경제학이 새로운 대안을 제시해야 한다는 생각을 많이 하게 되었죠. 공동가치를 지니는 것들을 분배하고 활용하는 방법론도 큰 주목을 받았습니다. 누군가 노벨 경제학상을 받고자 한다면 개인적이고 사적인 이익보다는 공동체, 국가, 나아가 인류 전체의 지속가능한 삶을 고민하는 연구를 하는 것이 바람직하지 않을까 싶습니다.

2018년 노벨 경제학상 수상자인 윌리엄 노드하우 William Nordhaus(1941~)와 폴 로머Paul Romer(1955~)는 기후변화가 경제에 미치는 효과에 대한 연구에 기여한 것으로 상을 받았습니다. 2019년 수상자인 마이클 크레이머Michael Kremer(1964~) 역시 빈곤 문제를 해결하기 위한 실험적인 접근을 통해 상을 받았습니다. 크레이머의 방법론은 전통 경제학에서 수행하는 것과 완전히 달랐습니다. 마치 자연과학 연구처럼 인간을 실험군과 대조군으로 나누고, 각각의 군집에서 어떤 방식으로

2019년 노벨 경제학상은 지구적 빈곤을 퇴치하기 위한 연구에 실험경제학적 접근법을 도입한 마이클 크레이머, 에스테르 뒤플로, 아비지트 배너지가 받았다.

제도를 입안했을 때 어떤 효과가 일어나는지를 살펴본 것이죠. 이처럼 과학적 접근방법을 경제학에 도입해 많은 성과를 낸 대표적인 학자입니다.

　노벨 경제학상을 받는 연구의 흐름은 정치학에서 심리학, 이제는 자연과학의 범주까지 점점 넓어지고 있는 상황입니다. 이런 과정에서 올해 노벨 경제학상을 수상한 로버트 윌슨과 폴 밀그럼은 전형적인 노벨 경제학상 수상자의 면모를 보입니다. 이들이 사용한 방법론은 전통적인 경제학에서 사용하는 수학적인 추론에 의거한 방법이기 때문에, 어찌 보면 2020년에는 노벨위원회에서 전통적인 경제학 분야의 손을 들어준 것이 아닌가 생각됩니다.

우리나라의 노벨 경제학상 수상자를 기다리며

우리나라에서도 노벨 경제학상 수상자를 배출할 수 있을까요? 2000년대 이전까지 노벨 경제학상은 철저하게 통계나 수학, 경제 분야를 전공한 사람들이 주로 받았습니다. 이후에는 다양한 분야의 연구자가 더 많이 받고 있죠. 앞으로도 전통적인 경제학 분야에 한정된 연구보다는 행동경제학이나 개발경제학, 환경경제학, 보건경제학 등 새로운 경제 분야에서 더 많은 수상자가 나올 것으로 보입니다.

경제학이라는 학문은 수학 및 객관적인 실험을 근거로 결론을 도출하는 학문입니다. 따라서 만고불변의 언어를 써서 모든 이가 보편타당하게 수긍할 수밖에 없는 것을 중요시하죠. 노벨상 중에서도 문학상이나 평화상은 수상자의 업적을 객관적으로 계량할 수 없습니다. 하지만 경제학상이나 물리학상 등은 만고불변의 보편타당한 공용어를 사용하는 학술 분야죠. 따라서 우리나라의 경우 오히려 수상 가능성이 더 높지 않나 생각합니다.

종종 연구실의 역사, 즉 어떤 학문을 하는 공간의 역사가 긴 곳에서 학문적 성과가 크게 나타난다고 말하는 사람도 있습니다. 노벨상을 받은 학문 분야는 사실 상당히 첨단적이고 정교한 학문인 경우가 많습니다. 그런데 그 학문을 하는 방식은 마치 16~17세기 방식과도 같습니다. 굉장히 전근대적인 방식으로, 도제식으로 배웁니다. 어쩔 수 없는 부분도 있습니다. 어떤 학문을 스스로 창조해가면서 공부한 사람에게 배우는 것이기 때문이죠. 그러다 보니 역대 노벨상 수상자

의 연구실은 그 역사가 200년이 넘는 곳들이 굉장히
많습니다.

　우리나라는 현대적인 교육기관이 설립되어 운영된
역사가 이제 100년 정도 됩니다. 그러다 보니 아직 노
벨상을 바라기에는 너무 이른 것이 아니냐고, 시간이
흐르면 충분히 받을 수 있을 것이라고 하는 사람도 있
습니다. 조급해한다고 해서 노벨상을 받는 것이 아닙
니다. 우리나라 학자들도 굉장히 선진적인 학문 분야
에서 지속적으로 좋은 성과를 내고 있기 때문에 머지
않아 반가운 소식이 들릴 것이라고 믿습니다.

해설 박정호

명지대학교 특임교수로 대통령직속 일자리위원회 민간위원, 대통령직속 4차산업혁명위원회 사회제도 분과 위원으로 활동하며 경제이론을 통해 현실 경제 문제를 해결하는 데 노력하는 경제학자이다. 한국개발연구원(KDI) 재직 시절 경제 교육 활성화에 기여하고자 중고등학교 경제 교과서 집필에 참여하였으며, 어려운 경제 지식을 쉽게 전달하는 경제학자로 유명하다. 저서로는 『이코노믹 센스』 『경제학자의 인문학 서재』 『경제학을 입다/먹다/짓다』 등 다수가 있다.

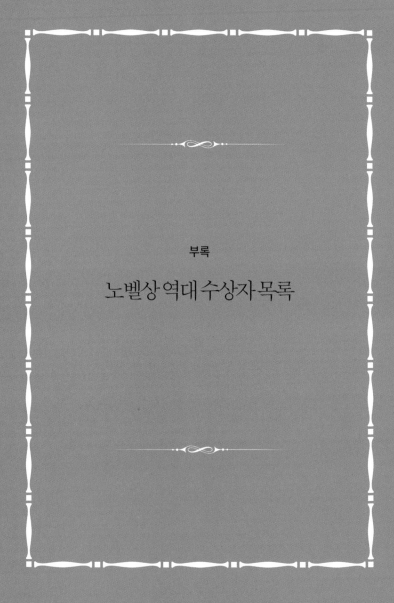

부록

노벨상 역대 수상자 목록

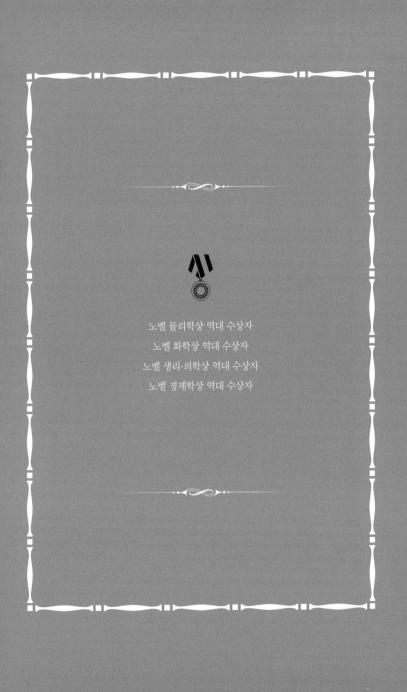

노벨 물리학상 역대 수상자
노벨 화학상 역대 수상자
노벨 생리·의학상 역대 수상자
노벨 경제학상 역대 수상자

노벨 물리학상 역대 수상자

1901 엑스선의 발견 | 빌헬름 뢴트겐

1902 복사 현상의 자기적 영향에 대한 연구 | 헨드리크 로렌츠, 피에터 제만

1903 자연방사 현상의 연구 | 앙리 베크렐

베크렐이 발견한 방사 현상 연구 | 퀴리 부부

1904 기체의 밀도에 대한 연구와 아르곤의 발견 | 존 레일리

1905 음극선에 관한 연구 | 필리프 레나르트

1947 애플턴층의 발견 | 에드워드 애플턴

1948 핵물리 및 우주선의 재발견 | 패트릭 블래킷

1949 중간자에 대한 연구 | 유카와 히데키

1950 핵반응 연구를 위한 사진술의 개발 및 이를 이용한 중간자의 발견 | 세실 파웰

1951 원자핵 입자를 사용한 원자변환 | 존 코크로프트, 어니스트 월턴

1952 핵자기의 정밀측정 기법 개발 및 이와 관련된 발견의 공로 | 필릭스 블로흐, 에드워드 퍼셀

1953 위상차 현미경의 발명 | 프리츠 제르니케

1954 양자역학의 기초연구, 특히 파동함수의 통계적 해석 | 막스 보른

동시계수법과 이를 통한 발견 | 발터 보테

1955 수소 스펙트럼 미세구조의 발견 | 윌리스 램

전자 자기모멘트의 정확한 측정 | 폴리카프 쿠시

1956 반도체 연구와 트랜지스터 효과의 발견 | 윌리엄 쇼클리, 존 바딘, 월터 브래튼

1957 패리티 법칙에 대한 연구 | 양전닝, 리정다오

| 알프레드 카스틀레

1967 항성의 에너지 생산이론 | 한스 베테

1968 수소 거품상자 기술의 개발 및 공명상태의 발견
을 통한 소립자 물리에 기여 | 루이스 앨버레즈

1969 기본입자의 분류와 이들의 상호작용에 대한 연구
| 머리 겔만

1970 자성유체역학 및 반강자성과 강자성 분야의 업적
| 한네스 알벤, 루이 넬

1971 홀로그래피 방법에 대한 연구 | 데니스 가보르

1972 초전도체 이론의 개발 | 존 바딘, 리언 쿠퍼, 존 슈리퍼

1973 반도체와 초전도체의 터널링 현상 | 에사키 레오나,
이바르 예이베르

조지프슨 효과의 예측 | 브라이언 조지프슨

1974 전파천문학 분야의 선구적 연구 | 마틴 라일, 앤서니
휴이시

1975 원자핵의 구조 이론 | 오게 보어, 벤 모텔손, 제임스 레
인워터

1976 새로운 소립자 발견 | 버튼 리히터, 새뮤얼 차오충팅

1985 양자화된 홀효과의 발견 | 클라우스 클리칭

1986 전자광학에 관한 기초 연구와 최초의 전자현미경 설계 | 에른스트 루스카

주사 터널링 망원경의 설계 | 게르트 비니히, 하인리히 로러

1987 세라믹 물질에서 초전도의 발견 | 게오르크 베드노르츠, 카를 알렉산더 뮐러

1988 중성미자 빔 방법과 뮤온 중성미자의 발견을 통한 경입자의 이중구조 규명 | 리언 레더만, 멜빈 슈워츠, 잭 스타인버거

1989 분리 진동장 방법과 수소메이저 | 노먼 램지

이온포획법의 개발 | 한스 데멜트, 볼프강 파울

1990 쿼크의 발견 | 제롬 프리드먼, 헨리 켄들, 리처드 테일러

1991 액정과 폴리머의 규칙 | 피에르질 드 젠

1992 아원자 입자추적검출기 고안 | 조르주 샤르파크

1993 이중펄서의 발견과 중력파의 연구 | 러셀 헐스, 조지프 테일러

1994 중성자 분광기 개발 | 버트럼 브록하우스

마사토시

우주 엑스선원의 발견 | 리카르도 지아코니

2003 현대 초전도체와 초유체 현상에 대한 이론적 토
대 확립 | 알렉세이 아브리코소프, 비탈리 긴즈부르크,
앤서니 레깃

2004 강력이론에서 점근적 자유성의 발견 | 데이비드 그
로스, 휴 데이비드 폴리처, 프랭크 윌책

2005 광학적 결맞음에 대한 양자역학 이론 | 로이 글로버
광학주파수 빗 기법을 포함한, 레이저에 기초한
정밀분광학의 개발 | 존 홀, 테오도어 헨슈

2006 흑체형태와 우주 극초단파 배경복사의 방향성에
관한 연구 | 존 매더, 조지 스무트

2007 거대자기저항 현상의 발견 | 알베르 페르, 페터 그륀
베르크

2008 아원자 물리학의 자발적 비대칭성의 기전 연구 | 요
이치로 난부
자연계에 추가의 쿼크 존재를 예측한 비대칭성의
기원에 대한 발견 | 마코토 고바야시, 도시히테 마스카와

2009 광섬유 연구를 통해 광통신 발전에 기여 | 찰스 가오

영상 반도체 회로인 전하결합소자(CCD) 발명 | 윌

러드 보일, 조지 E. 스미스

2010 2차원 물질 그래핀에 관한 획기적인 실험 | 안드레

가임, 콘스탄틴 노보셀로프

2011 초신성 관찰을 통한 우주의 가속팽창 발견 | 솔 펄

머터, 브라이언 P. 슈밋, 애덤 G. 리스

2012 개별 양자 시스템의 측정과 제어를 위한 획기적인

실험 방법 개발 | 세르주 아로슈, 데이비드 J. 와인랜드

2013 힉스입자의 존재를 이론적으로 확립한 것에 대한

공헌 | 피터 힉스, 프랑수아 앙글레르

2014 밝은 백색 광원을 가능하게 한 효율적인 청색 발

광 다이오드 발명 | 이사무 아카사키, 히로시 아마노,

슈지 나카무라

2015 뉴트리노가 질량을 갖는다는 사실을 보여준 뉴트

리노 진동의 발견 | 다카아키 가지타, 아서 맥도널드

2016 물질의 위상 상태와 위상 상전이의 이론적 발견

| 데이비드 사울레스, 덩컨 홀데인, 마이클 코스털리츠

2017 중력파 검출을 위한 새로운 시험 방법의 이론적,

실험적 구체화 | 킵 손, 배리 배리시, 라이너 바이스

2018 광학 집게를 개발하여 생물학 시스템에 적용 | 아서

애슈킨

고강도, 초단파 펄스 생성 방법 개발 | 제라르 무루,

도나 스트릭랜드

2019 물리 우주론의 이론적 발견 | 제임스 피블스

태양형 항성 궤도를 도는 외계 행성의 발견 | 미셸

마요르, 디디에 쿠엘로

2020 블랙홀에 대한 이론을 정립 | 로저 펜로즈

블랙홀의 존재를 실제 관측을 통해 증명 | 라인하

르트 겐첼, 앤드리아 게즈

＊ 노벨 물리학상은 1901년부터 2020년까지 114회 수여되었
다. 1916년, 1931년, 1934년, 1940년, 1941년, 1942년은 수여
되지 않았다. 총 수상자는 216명인데, 그중 존 바딘이 두 차
례(1956년과 1972년) 수상했기에 실제로는 215명에게 주어졌
다. 215명 중 여성 수상자는 4명이다.

노벨 화학상 역대 수상자

1901 화학동역학 법칙 및 삼투압 발견 | 야코뷔스 반트
호프

1902 당과 푸린 합성에 관한 연구 | 에밀 피셔

1903 전기해리이론 | 스반테 아레니우스

1904 공기 중 비활성 기체 원소의 발견과 주기율표 내
위치 결정 | 윌리엄 램지

1905 유기염료와 히드로방향족 화합물 연구 | 아돌프 폰
베이어

1906 플루오린의 분리와 무아상 전기로 연구 | 앙리 무 아상

1907 비세포적 발효 발견과 연구 | 에두아르트 부흐너

1908 원소의 분열과 방사능 물질의 화학에 대한 연구 | 어니스트 러더퍼드

1909 촉매, 화학평형과 반응속도에 관한 선구적 연구 | 빌헬름 오스트발트

1910 지방족 고리화합물의 선구적 연구 | 오토 발라흐

1911 라듐 및 폴로늄 발견, 라듐 분리, 라듐의 성질과 라듐화합물 연구 | 마리 퀴리

1912 그리냐르 시약의 발견 | 빅토르 그리냐르
유기화합물의 수소화 방법 발견 | 폴 사바티에

1913 분자 내에서의 원자의 결합 연구로 무기화학의 새로운 분야 개척 | 알프레트 베르너

1914 많은 화학원소의 정확한 원자량 측정 | 시어도어 리 처즈

1915 식물 색소, 특히 클로로필에 관한 연구 | 리하르트 빌슈테터

1918 원소로부터 암모니아 합성 | 프리츠 하버

1920 열화학 분야에 관한 연구 | 발터 네른스트

1921 방사성 물질의 화학동위원소의 기원과 성질에 관한 연구 | 프레더릭 소디

1922 질량분석사진기를 이용한 비방사성 동위원소 발견 및 정수법칙 발표 | 프랜시스 애스턴

1923 유기물질의 미량분석법 개발 | 프리츠 프레글

1925 콜로이드 용액의 불균일 특성의 설명 | 리하르트 지그몬디

1926 분산계에 대한 연구 | 테오도르 스베드베리

1927 담즙산 및 관련 물질의 조성에 관한 연구 | 하인리히 빌란트

1928 스테롤의 구조와 비타민과의 연관성에 관한 연구 | 아돌프 빈다우스

1929 당의 발효와 발효효소에 관한 연구 | 아서 하든, 한스 오일러켈핀

1930 헤민과 엽록소 구성성분 중 헤민 합성에 기여 | 한스 피셔

연구 | 알렉산더 토드

1958 단백질, 특히 인슐린 구조에 대한 연구 | 프레더릭
생어

1959 폴라로그래피의 발견과 개발 | 야로슬라프 헤이로프
스키

1960 방사성 탄소연대측정법 개발 | 윌러드 리비

1961 식물의 탄소동화작용에 관한 연구 | 멜빈 캘빈

1962 구형 단백질 구조에 관한 연구 | 막스 퍼루츠, 존 켄
드루

1963 고분자 화학과 기술 분야 연구 | 카를 치글러, 줄리
오 나타

1964 엑스선 기술로 중요한 생화학 물질의 구조결정
| 도로시 호지킨

1965 유기합성 기술의 뛰어난 연구 | 로버트 우드워드

1966 분자의 화학결합 및 전기적 구조에 관한 연구 | 로
버트 멀리컨

1967 초고속 화학반응에 관한 연구 | 만프레트 아이겐, 로
널드 노리시, 조지 포터

1976 보란의 구조에 대한 연구 | 윌리엄 립스콤

1977 비평형 열역학, 특히 소산 구조론 연구 | 일리야 프리고진

1978 생물학적 에너지이동 과정의 공식화 | 피터 미첼

1979 유기물질 합성에 붕소와 인 화합물 도입 | 허버트 브라운, 게오르크 비티히

1980 혼성 DNA와 관련된 핵산의 생화학적 기초 연구 | 폴 버그

핵산 염기서열 결정에 공헌 | 월터 길버트, 프레더릭 생어

1981 화학반응 경로에 관한 이론 | 후쿠이 겐이치, 로알드 호프먼

1982 결정학적 전자현미경 개발과 핵산-단백질 복합체의 구조 규명 | 에런 클루그

1983 금속 착물의 전자이동반응 메커니즘 연구 | 헨리 타우버

1984 고체기질 위에서의 화학합성 방법론 개발 | 브루스 메리필드

1985 분자의 결정구조를 직접 알아내는 방법 개발 | 허버트 하우프트먼, 제롬 칼

1986 기초화학반응의 동역학에 대한 공헌 | 더들리 허시박, 리위안저, 존 폴라니

1987 다른 분자와 구조-선택적으로 결합할 수 있는 분자 개발 | 도널드 크램, 장마리 렌, 찰스 피더슨

1988 광합성반응센터의 삼차원 구조 결정에 기여 | 요한 다이젠호퍼, 로베르트 후버, 하르트무트 미헬

1989 RNA의 촉매적 성질 발견 | 시드니 올트먼, 토머스 체크

1990 유기합성 이론과 방법론 개발 | 일라이어스 코리

1991 고분해능 핵자기공명분광학 개발 | 리하르트 에른스트

1992 화학시스템에서 전자이동반응 이론에 공헌 | 루돌프 마커스

1993 중합효소 연쇄반응법 개발 | 캐리 멀리스
올리고뉴클레오티드에 기초한 위치선택적 돌연변이 유도와 이를 통한 단백질 연구 | 마이클 스미스

1994 카보양이온 화학에 공헌 | 조지 올라

1995 오존의 생성과 분해에 관한 연구 | 파울 크뤼첸, 마리오 몰리나, 셔우드 롤런드

1996 풀러렌의 발견 | 로버트 컬, 해럴드 크로토, 리처드 스몰리

1997 ATP 합성의 기초가 되는 효소메커니즘 규명 | 폴 보이어, 존 워커

이온전달효소 Na$^+$, K$^+$-ATP아제의 최초 발견 | 엔스 스코우

1998 밀도함수론 개발 | 월터 콘

양자화학적 계산방법 개발 | 존 포플

1999 펨토초 분광기를 이용한 화학반응의 전이상태 연구 | 아메드 즈웨일

2000 전도성 고분자의 발견과 개발에 공헌 | 앨런 히거, 앨런 맥더미드, 시라카와 히데키

2001 키랄 촉매에 의한 수소화반응 | 윌리엄 놀스, 노요리 료지

키랄 촉매에 의한 산화반응 | 배리 샤플리스

2002 연성탈착 이온화 질량분석법 개발 | 존 펜, 다나카

2011 준결정을 발견한 공로 | 다니엘 셰흐트만

2012 G-단백질 연결 수용체의 연구 | 로버트 J. 레프코위
츠, 브라이언 K. 코빌카

2013 복잡한 화학 시스템을 예측하는 시뮬레이션 기법
개발 | 마르틴 카르플루스, 마이클 레빗, 아리에 와르셀

2014 초고분해능 형광현미경 개발 | 에릭 베치그, 슈테판
헬, 윌리엄 머너

2015 손상된 DNA의 회복 메커니즘에 관한 연구 | 토마
스 린달, 폴 모드리치, 아지즈 산자르

2016 분자기계의 디자인과 합성 | 장피에르 소바주, 프레이
저 스토더트, 베르나르트 페링하

2017 생체 분자의 고해상도 구조 결정을 위한 저온전
자현미경 개발 | 자크 뒤보세, 요하임 프랑크, 리처드
헨더슨

2018 효소의 유도진화를 연구한 업적 | 프랜시스 아널드
펩타이드와 항체의 파지 디스플레이 연구 | 조지
P. 스미스, 그레고리 위터

2019 리튬이온 배터리의 개발 | 존 구디너프, 스탠리 휘팅

엄, 요시노 아키라

2020 유전자 편집 기술의 개발 | 에마뉘엘 샤르팡티에, 제

니퍼 다우드나

＊ 노벨 화학상은 1901년부터 2020년까지 111회 수여되었
다. 1916년, 1917년, 1919년, 1924년, 1933년, 1940년, 1941년,
1942년은 수여되지 않았다. 총 수상자는 186명인데, 그중 프
레더릭 생어가 두 차례(1958년과 1980년) 수상했기에 실제로
는 185명에게 주어졌다. 185명 중 여성 수상자는 7명이다.

노벨 생리·의학상 역대 수상자

1901 혈청을 이용한 디프테리아 치료법의 발견 | 에밀 폰
베링

1902 말라리아의 인체 침투 경로에 관한 연구 | 로널드
로스

1903 심상루프스의 치료를 위한 광치료법 발견 | 닐스
핀센

1904 소화·생리 기능의 생명 현상에 관한 업적 | 이반
파블로프

1905 결핵 연구 | 로베르트 코흐

1906 신경계의 구조에 관한 연구 | 카밀로 골지, 산티아고 라몬 이 카할

1907 질병 발생과 관련한 원생생물의 역할에 관한 연구 | 알퐁스 라브랑

1908 면역에 관한 연구 | 일리야 메치니코프, 파울 에를리히

1909 갑상선의 생리학·병리학적 연구 및 외과 수술에 관한 연구 | 에밀 코허

1910 세포화학의 발전에 관한 공로 | 알브레히트 코셀

1911 눈의 굴절광학에 관한 연구 | 알바르 굴스트란드

1912 혈관 봉합술 및 기관 이식에 관한 업적 | 알렉시스 카렐

1913 과민증에 관한 연구 | 샤를 리세

1914 전정기관의 생리·병리학에 관한 업적 | 로베르트 바라니

1919 면역에 관한 연구 | 쥘 보르데

1920 모세혈관의 운동조절 메커니즘에 관한 연구 | 아우구스트 크로그

1922 근육 내 열생산에 관한 연구 | 아치볼드 힐

산소 소비와 젖산대사의 고정관계 연구 | 오토 마이어호프

1923 인슐린의 발견 | 프레더릭 밴팅, 존 매클라우드

1924 심전도 메커니즘을 발견한 공로 | 빌럼 에인트호번

1926 스파이롭테라 암을 발견한 공로 | 요하네스 피비게르

1927 마비성 치매의 치료에서 말라리아 접종법의 가치에 관한 연구 | 바그너 야우레크

1928 티푸스 연구 | 샤를 니콜

1929 항신경염성 비타민과 성장촉진 비타민의 발견 | 크리스티안 에이크만, 프레더릭 홉킨스

1930 인간의 혈액형 발견 | 카를 란트슈타이너

1931 호흡효소의 성질과 작용 방식의 발견 | 오토 바르부르크

1932 뉴런의 기능 발견 | 찰스 셰링턴, 에드거 에이드리언

1933 유전 현상에서 염색체의 역할 규명 | 토머스 헌트 모건

1934 간을 이용한 빈혈 치료법 발견 | 조지 휘플, 조지 마

이넛, 윌리엄 머피

1935 배 발생에서의 형성체 효과 발견 | 한스 슈페만

1936 신경 충격의 화학적 전달기전 발견 | 헨리 데일, 오
토 뢰비

1937 생물학적 연소 과정에 관한 연구 | 얼베르트 센트죄
르지

1938 동과 대동맥의 호흡 조절 메커니즘에 관한 연구
| 코르네유 하이만스

1939 프론토실의 항균 효과 발견 | 게르하르트 도마크

1943 비타민 K의 발견과 그 화학적 성질에 관한 연구
| 헨리크 담, 에드워드 도이지

1944 단일 신경섬유의 기능 발견 | 조지프 얼랭어, 허버트
개서

1945 감염성 질환에 대한 페니실린의 효과에 관한 연구
| 알렉산더 플레밍, 언스트 보리스 체인, 하워드 플로리

1946 엑스선에 의한 돌연변이 발생의 발견 | 허먼 멀러

1947 글리코겐의 촉매 전환 과정에 관한 연구 | 칼 퍼디
낸드 코리, 거티 테레사 코리

당대사 과정에서의 뇌하수체 호르몬의 역할 연
구 | 베르나르도 우사이

1948 DDT의 효과 발견 | 파울 뮐러

1949 중뇌의 기능 발견 | 발터 루돌프 헤스

정신병 치료에 있어 백질 절제술의 가치에 관한
연구 | 안토니우 에가스 모니스

1950 부신피질 호르몬에 관한 연구 | 에드워드 켄들, 타데
우시 라이히슈타인, 필립 헨치

1951 황열병에 관한 연구 | 맥스 타일러

1952 스트렙토마이신 발견 | 셀먼 왁스먼

1953 시트르산 회로 발견과 조효소에 관한 연구 | 한스
크레브스, 프리츠 리프만

1954 소아마비 바이러스 배양 방법 발견 | 존 엔더스, 토
머스 웰러, 프레더릭 로빈스

1955 산화효소의 작용 방식과 성질에 관한 연구 | 악셀
후고 테오렐

1956 심장도관술과 순환계의 병리적 현상에 관한 업적
| 앙드레 쿠르낭, 베르너 포르스만, 디킨슨 리처즈

구 ㅣ 프랑수아 자코브, 앙드레 르보프, 자크 모노

1966 발암 바이러스의 발견 ㅣ 페이턴 라우스

호르몬을 이용한 전립선암 치료법 발견 ㅣ 찰스 허
긴스

1967 시각의 생리학적·화학적 과정 발견 ㅣ 랑나르 그라니
트, 핼던 하틀라인, 조지 월드

1968 유전암호의 해독과 그 기능에 관한 연구 ㅣ 로버트
홀리, 고빈드 코라나, 마셜 니런버그

1969 바이러스의 복제기전과 유전적 구조 발견 ㅣ 막스
델브뤼크, 앨프레드 허시, 살바도르 루리아

1970 신경종말에 존재하는 체액성 전달물질에 대한 연
구 ㅣ 버나드 카츠, 울프 폰 오일러, 줄리어스 액설로드

1971 호르몬의 작용 기전 발견 ㅣ 얼 서덜랜드

1972 항체의 화학적 구조를 밝힌 업적 ㅣ 제럴드 에들먼,
로드니 포터

1973 동물의 행동 유형에 관한 연구 ㅣ 카를 폰 프리슈, 콘
라트 로렌츠, 니콜라스 틴베르헌

1974 세포의 구조 및 기능에 관한 연구 ㅣ 알베르 클로드,

크리스티앙 드 뒤브, 조지 펄레이드

1975 종양 바이러스와 세포 유전물질의 상호작용 발견

　| 데이비드 볼티모어, 레나토 둘베코, 하워드 테민

1976 감염성 질병의 기원과 전파에 관한 새로운 발견

　| 바루크 블룸버그, 칼턴 가이듀섹

1977 뇌하수체 호르몬의 발견과 면역정량 방법의 개발
에 관한 연구 | 로제 기유맹, 앤드루 샬리, 로절린 앨로

1978 제한효소의 발견과 그 응용에 대한 연구 | 베르너
아르버, 대니얼 네이선스, 해밀턴 스미스

1979 컴퓨터 단층촬영술 개발 | 앨런 코맥, 고드프리 하운
스필드

1980 면역반응을 조절하는 세포표면의 유전적 구조체
발견 | 바루 베나세라프, 장 도세, 조지 스넬

1981 대뇌반구의 기능과 시각정보화 과정에 관한 연구

　| 로저 스페리, 데이비드 허블, 토르스텐 비셀

1982 프로스타글란딘과 관련된 생물학적 활성물질에
대한 연구 | 수네 베리스트룀, 벵트 사무엘손, 존 베인

1983 전이성 유전인자 발견 | 바버라 매클린톡

셔, 에드윈 크레브스

1993 절단 유전자의 발견 | 리처드 로버츠, 필립 샤프

1994 G-단백질의 발견과 세포 내 신호전달 체계에서
의 기능 연구 | 앨프리드 길먼, 마틴 로드벨

1995 초기 배아 발달의 유전적 조절에 관한 연구 | 에드
워드 루이스, 크리스티아네 뉘슬라인-폴하르트, 에릭 위
샤우스

1996 세포에 의한 면역방어체계의 특이성에 관한 발견
| 피터 도허티, 롤프 칭커나겔

1997 새로운 생물학적 감염 물질인 프리온의 발견 | 스
탠리 프루시너

1998 심혈관 시스템에서 신경전달물질로서 기능하는
일산화질소에 대한 연구 | 로버트 퍼치고트, 루이스
이그내로, 페리드 머래드

1999 세포 내 단백질 이동 경로를 규정하는 고유한 신
호전달 체계의 발견 | 귄터 블로벨

2000 신경계의 신호전달에 대한 발견 | 아르비드 칼손, 폴
그린가드, 에릭 캔들

2001 세포주기의 핵심 조절 인자 발견 | 릴런드 하트웰, 티머시 헌트, 폴 너스

2002 생체기관의 발생과 세포 사멸의 유전학적 조절에 대한 발견 | 시드니 브레너, 존 설스턴, 로버트 호비츠

2003 자기공명영상에 관한 연구 | 폴 라우터버, 피터 맨스필드

2004 냄새 수용체와 후각 시스템의 구조에 대한 발견 | 리처드 액설, 린다 벅

2005 위염과 위궤양을 일으키는 원인균인 헬리코박터 파일로리균의 발견 | 배리 마셜, 로빈 워런

2006 이중나선 RNA에 의한 RNA 간섭현상 발견 | 앤드루 파이어, 크레이그 멜로

2007 배아줄기세포를 이용하여 특정 유전자를 생쥐에 주입하는 원리 발견 | 마리오 카페키, 마틴 에번스, 올리버 스미시스

2008 자궁경부암 유발 인유두종 바이러스의 발견 | 하랄트 추어하우젠

인간면역결핍 바이러스의 발견 | 프랑수아 바레-시

2017 하루 주기 리듬을 제어하는 분자 메커니즘의 발견

| 제프리 C. 홀, 마이클 로스배시, 마이클 W. 영

2018 음성적 면역조절을 억제하는 방식의 암 치료법

개발 | 제임스 P. 엘리슨, 혼조 다스쿠

2019 세포가 산소 농도에 반응하고 적응하는 과정에 대

한 발견 | 윌리엄 케일린, 피터 랫클리프, 그레그 세멘자

2020 C형간염 바이러스의 발견 | 하비 J. 올터, 마이클 호

튼, 찰스 M. 라이스

* 노벨 생리·의학상은 1901년부터 2020년까지 111회 수
여되었다. 1915년, 1916년, 1917년, 1918년, 1921년, 1925년,
1940년, 1941년, 1942년은 수여되지 않았다. 총 수상자는
222명이며, 그중 여성 수상자는 12명이다.

노벨 경제학상 역대 수상자

1990 금융경제학 이론에 대한 선구자적 업적 | 해리 마

코위츠, 머턴 밀러, 윌리엄 샤프

1991 제도적 구조 및 경제의 작동을 위한 거래 비용과

재산권의 중요성 발견 | 로널드 코스

1992 미시경제적 분석의 영역을 비시장적 행동을 포함

한 넓은 범위의 인간 행동과 상호작용으로 확장

| 게리 베커

1993 경제적·제도적 측면의 변화 설명을 위해 경제이

론과 정량적 방법을 적용하여 경제사 연구를 일

신 | 로버트 포겔, 더글러스 노스

1994 비협조적 게임이론의 균형에 대한 선구자적 분석

| 라인하르트 젤텐, 존 내시, 존 하사니

1995 합리적 기대 가설의 개발과 적용 및 그를 통한 거

시경제적 분석의 개선과 경제정책에 대한 이해

심화 | 로버트 루카스 주니어

1996 비대칭정보하의 유인에 대한 경제이론의 근본적

공헌 | 제임스 멀리스, 윌리엄 비크리

1997 파생상품의 가치 결정에 대한 새로운 방법 개발

R. 밀그럼, 로버트 B. 윌슨

* 노벨 경제학상은 1969년부터 2020년까지 52회 수여되었
다. 총 수상자는 86명이며, 그중 여성 수상자는 2명이다.

EBS CLASS ⓔ 시리즈 007

2020 노벨상 강의

1판 1쇄 발행 2020년 12월 14일

지은이 이명현, 송기원, 신의철, 박정호

펴낸이 김명중
콘텐츠 기획센터장 류재호 ㅣ **북&렉처프로젝트팀장** 유규오 ㅣ **북팀** 김현우 장효순 최재진 ㅣ **북매니저** 전상희
렉처팀 김형준, 이유선, 김미란, 유지영, 허성호, 최이슬, 정명, 신미림 ㅣ **마케팅** 김효정

책임편집 정일웅 ㅣ **디자인** 문성미 ㅣ **제작** 세걸음

펴낸곳 한국교육방송공사(EBS)
출판신고 2001년 1월 8일 제2017-000193호
주소 경기도 고양시 일산동구 한류월드로 281
대표전화 1588-1580 **홈페이지** www.ebs.co.kr

ISBN 978-89-547-5607-5 04300
    978-89-547-5388-3 (세트)